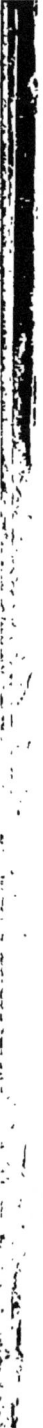

I.

Le *Manuel des Contribuables* se trouve en outre, à Paris, *chez tous les Libraires*; dans les Départemens , *chez tous les Imprimeurs de Départemens et de Districts , et les principaux Libraires.*

Le *prix* est de 36 s. broché , 45 s. relié.

Les personnes qui désireront en avoir un nombre, ainsi que les administrations et municipalités qui voudroient en faire des distributions, sont priées de s'adresser par lettres affranchies ,

A M. TARBÉ, Imprimeur du département de Seine et Marne, *à Melun.*

Ou à M. NÉE DE LA ROCHELLE, Libraire , rue du Hurepoix, N.º 13, à Paris.

MANUEL

DES CONTRIBUABLES,

OU RECUEIL

De toutes les Loix, Proclamations et Instructions sur les Contributions directes ;

1.º CONTRIBUTION FONCIÈRE,
2.º CONTRIBUTION MOBILIAIRE,
3.º PATENTES,
4.º RÉPARTITION , etc. ,
5.º PERCEPTION.

———————————

1792 ,

l'an IV de la liberté.

RECUEIL

RECUEIL

DES LOIX

ET

INSTRUCTIONS

RELATIVES aux Contributions Foncière, Mobiliaire et aux Patentes.

A PARIS,

Chez Née de la Rochelle, Libraire, rue du Hurepoix, N.º 13.

A Melun, chez Tarbé, Imprimeur du Département.

A Sens, chez la veuve Tarbé, Imprim. du Roi.

1792.

L O I

Concernant la Contribution foncière.

Donnée à Paris , le 1.er Décembre 1790.

LOUIS, par la grâce de Dieu , et par la Loi constitutionnelle de l'État , ROI DES FRANÇOIS : A tous présens et à venir ; SALUT. L'Assemblée Nationale a décrété , et Nous voulons et ordonnons ce qui suit :

Décret de l'Assemblée Nationale , des 20, 22 et 23 novembre 1790.

TITRE PREMIER.

Articles généraux.

ARTICLE PREMIER.

IL sera établi, à compter du 1.er janvier 1791, une Contribution foncière, qui

A 2

sera répartie, par égalité proportionnelle, sur toutes les propriétés foncières, à raison de leur revenu net, sans autres exceptions que celles déterminées ci-après pour les intérêts de l'Agriculture.

II. Le revenu net d'une terre est ce qui reste à son propriétaire, déduction faite, sur le produit brut, des frais de culture, semences, récolte et entretien.

III. Le revenu imposable est le revenu net moyen, calculé sur un nombre d'années déterminé.

IV. La Contribution foncière sera toujours d'une somme fixe, et déterminée annuellement par chaque Législature.

V. Elle sera perçue en argent.

TITRE II.

Assiette de la Contribution foncière pour 1791.

ARTICLE PREMIER.

AUSSITÔT que les Municipalités auront reçu le présent Décret, et sans attendre le mandement du Directoire de District, elles formeront un Tableau indicatif du nom des différentes divisions de leur territoire, s'il y en a déjà d'existantes, ou de celles qu'elles détermineront, s'il n'en existe pas déjà, et ces divisions s'appelleront *Sections*, soit dans les villes, soit dans les campagnes.

II. Le Conseil municipal choisira parmi ses membres, des Commissaires qui seront assistés d'un nombre au moins égal d'autres Commissaires nommés par le Conseil général de la Commune, dans une assemblée qui sera indiquée huit jours à l'avance, et à laquelle les propriétaires domiciliés ou forains pourront assister et être élus, pourvu néanmoins qu'ils soient citoyens actifs.

On pourra élire aussi les fermiers ou métayers domiciliés, pourvu de même qu'ils soient citoyens actifs.

III. Ces Commissaires se transporteront sur les différentes Sections, et y formeront un état indicatif des différentes propriétés qui sont renfermées dans chacune ; ils y joindront le nom de leur propriétaire, en y comprenant les biens appartenant aux Communautés elles-mêmes.

Les états ainsi formés seront déposés au secrétariat de la Municipalité, pour que tous les Contribuables puissent en prendre communication.

IV. Dans le délai de quinze jours, après la formation et la publication des susdits états, tous les propriétaires feront au secrétariat de la Municipalité, par eux ou par leurs fermiers, régisseurs ou fondés de pouvoirs, et dans la forme qui sera prescrite, une déclaration de la nature et de la contenance de leurs différentes propriétés ; ce délai passé, les Officiers municipaux et les Commissaires adjoints procéderont à l'examen des déclarations, et suppléeront, d'après leurs connoissances locales, à celles qui n'auront pas été faites, ou qui se trouveroient inexactes.

Il sera libre à tous les contribuables de prendre communication de ces déclarations au secrétariat de la Municipalité.

V. Aussitôt que ces opérations préliminaires seront terminées, les Officiers municipaux et les Commissaires adjoints feront, en leur ame et conscience, l'évaluation du revenu net des différentes

propriétés foncières de la Communauté ;
Section par Section.

VI. Les propriétaires dont les fonds
sont grevés de rentes ci-devant seigneuriales ou foncières, d'agriers, de champarts ou d'autres prestations, soit en
argent, soit en denrées, soit en quotité
de fruits, feront, en acquittant ces rentes ou prestations, une retenue proportionnelle à la Contribution, sans préjudice de l'exécution des baux à rente,
faits sous la condition de la non-retenue
des impositions royales.

VII. Les débiteurs d'intérêts et de
rentes perpétuelles constituées avant la
publication du présent Décret, et qui
étoient autorisés à faire la retenue des
impositions royales, feront la retenue
à leurs créanciers, dans la proportion
de la Contribution foncière.

VIII. Les débiteurs de rentes viagères
constituées avant la même époque, et
sujettes aux mêmes conditions, ne feront la retenue que dans la proportion
de l'intérêt que le capital eût porté en
rentes perpétuelles, lorsque ce capital
sera connu ; et quand le capital ne sera

pas connu , la retenue sera de la moitié de la proportion de la Contribution foncière.

IX. A l'avenir les stipulations entre les contractans , sur la retenue de la Contribution foncière , seront entièrement libres ; mais elle aura toujours lieu , à moins que le contrat ne porte la condition expresse de non-retenue.

X. Pour déterminer la cotte de contribution des Maisons, il sera déduit un quart sur leur revenu , en considération du dépérissement et des frais d'entretien et de réparation.

XI. La cotisation des Maisons situées hors des villes , lorsqu'elles seront habitées par leurs propriétaires et sans valeur locative , sera faite à raison de l'étendue du terrain qu'elles occupent , si elles n'ont qu'un rez-de-chaussée : la cotisation sera double , si elles ont un étage ; triple pour deux , et ainsi de suite pour chaque étage de plus.

Le terrain sera évalué sur le pied des meilleures terres labourables de la Communauté.

XII. Quant aux maisons qui auront

été inhabitées pendant toute la durée de l'année expirante au jour de la confection du rôle , elles seront cotisées seulement à raison du terrain qu'elles occupent , évalué sur le pied des meilleures terres labourables de la Communauté.

XIII. Les bâtimens servant aux exploitations rurales ne seront point soumis à la Contribution foncière ; mais le terrain qu'ils occupent, sera évalué au taux des meilleures terres labourables de la Communauté.

XIV. Les Fabriques et Manufactures, les Forges , Moulins et autres Usines , seront cotisées , à raison de deux tiers de leur valeur locative , en considération du dépérissement et des frais d'entretien et de réparation qu'exigent ces objets.

XV. Les Mines ne seront évaluées qu'à raison de la superficie du terrain occupé pour leur exploitation.

XVI. Il en sera de même pour les Carrières.

XVII. Les terrains enclos seront évalués d'après les mêmes règles et dans les mêmes proportions que les terrains non-

A 5

enclos donnant le même genre de productions.

Les terrains enlevés à la culture pour
le pur agrément, seront évalués au taux
des meilleures terres labourables de la
Communauté.

XVIII. L'évaluation des Bois en coupe
réglée, sera faite d'après le prix moyen
de leurs coupes annuelles.

XIX. L'évaluation des Bois taillis qui
ne sont pas en coupe réglée, sera faite
d'après leur comparaison avec les autres
bois de la Communauté ou du canton.

XX. D'après ces évaluations, les Officiers municipaux procéderont, aussitôt
que le mandement du Directoire de District leur sera parvenu, à la confection
de la matrice de rôle, conformément aux
instructions du Directoire de Département qui seront jointes au mandement;
et seront tenus de faire parvenir cette
matrice de rôle, arrêtée et signée par
eux, au Directoire de District, dans le
délai de quinze jours, à compter de la
date dudit mandement.

La forme des rôles, de leur envoi,
de leur dépôt, et la manière dont ils

seront rendus exécutoires, seront réglées par l'Instruction de l'Assemblée Nationale.

XXI. Les administrations de Département et de District surveilleront et presseront avec la plus grande activité toutes les opérations ci-dessus prescrites aux Municipalités.

TITRE III.

Des Exceptions.

ARTICLE PREMIER.

LES marais, les terres vaines et vagues, seront assujettis à la Contribution foncière, quelque modique que soit leur produit.

II. La taxe qui sera établie sur ces terrains, pourra n'être que de trois deniers par arpent, *mesure d'ordonnance*.

III. Les particuliers ne pourront s'affranchir de la contribution à laquelle leurs marais, terres vaines et vagues devroient être soumis, qu'en renonçant à ces propriétés au profit de la Communauté dans le territoire de laquelle ces terrains sont situés.

A 6

La déclaration détaillée de cet abandon perpétuel sera faite par écrit au secrétariat de la Municipalité , par le propriétaire ou par un fondé de pouvoir
spécial.

Les cotisations des objets ainsi aban-
donnés , dans les rôles faits antérieurement à la cession , resteront à la charge
de l'ancien propriétaire.

IV. La taxe des marais , terres vaines
et vagues , situées dans l'étendue du territoire d'une Communauté , qui n'ont ou
n'auront aucun propriétaire particulier ,
sera supportée par la Communauté , et
acquittée ainsi qu'il sera réglé pour les
autres cotisations de biens communaux.

V. A l'avenir la cotisation des marais
qui seront desséchés , ne pourra être augmentée pendant les vingt-cinq premières
années après leur dessèchement.

VI. La cotisation des terres vaines et
vagues depuis vingt-cinq ans , et qui
seront mises en culture , ne pourra de
même être augmentée pendant les quinze
premières années après leur défrichement.

VII. La cotisation des terres en friche
depuis vingt-cinq ans , qui seront plantées

ou semées en bois , ne pourra non plus être augmentée pendant les trente premières années du semis ou de la plantation.

VIII. La cotisation des terrains en friche depuis vingt-cinq ans , et qui seront plantés en vignes , mûriers , ou autres arbres fruitiers , ne pourra être augmentée pendant les vingt premières années.

IX. Les terrains déjà en valeur , et qui seront plantés en vignes , mûriers ou autres arbres fruitiers , ne seront pendant les quinze premières années , évalués qu'au même taux des terres d'égale valeur et non plantées.

X. Les terrains maintenant en valeur, et qui seront plantés ou semés en bois , ne seront, pendant les trente premières années , évaluées qu'au même taux des terres d'égale valeur et non plantées.

XI. Pour jouir de ces divers avantages , le propriétaire sera tenu de faire au secrétariat de la Municipalité et à celui du District dans l'étendue desquels les biens sont situés , et avant de commencer les desséchemens , défrichemens ou autres améliorations, une déclaration détaillée des terrains qu'il voudra ainsi améliorer.

XII. Cette déclaration sera inscrite sur les registres de la Municipalité, qui sera tenue de faire la visite des terrains desséchés, défrichés et améliorés, et d'en dresser procès-verbal, dont elle fera passer une expédition au Directoire de son District qui en tiendra aussi registre. A la première réquisition du déclarant, le Secrétaire du District lui en délivrera, sans frais, une copie visée des membres du Directoire.

XIII. Les terrains précédemment desséchés ou défrichés, et qui conformément à l'Édit de 1764 et autres sur les défrichemens et desséchemens, jouissoient de l'exemption d'impôt, ne seront taxés qu'à raison d'un sou par arpent, *mesure d'ordonnance*, jusqu'au temps où l'exemption d'impôt doit cesser.

XIV. Sur chaque rôle de la Contribution foncière, à l'article de chacune des propriétés qui jouissent ou jouiront de ces divers avantages donnés pour l'encouragement de l'agriculture, il sera fait mention de l'année où ces biens doivent cesser d'en jouir.

TITRE IV.

Des demandes en décharge, etc.

ARTICLE PREMIER.

Les contribuables qui, en matière de Contribution directe, se plaindront du taux de leur cotisation, s'adresseront d'abord au Directoire de District, lequel prononcera sur les raisons respectives des Contribuables et *de la Municipalité qui aura fait la répartition. La partie qui se trouvera lésée, pourra se pourvoir ensuite au Directoire de Département, qui décidera en dernier ressort, sur simple mémoire et sans forme de procédure, sur la décision du Directoire de District. Tous avis et décisions en cette matière seront motivés.* [1]

Si la réduction de la cotte est prononcée, la somme excédente sera portée la

---

[1] Article premier du Titre XIV, du Décret sur l'organisation de l'ordre judiciaire.

première année sur le fonds des non-valeurs, et répartie les années suivantes
sur tous les Contribuables de la Communauté.

II. Dans le cas où une Communauté
se croira en droit de réclamer, elle s'a-
dressera au Directoire du Département;
la réclamation envoyée par lui à l'administration du District, sera communiquée
aux Communautés dont le territoire touchera celui de la Communauté réclamante, et il y sera de même statué contradictoirement et définitivement par l'administration du Département, sur l'avis
de l'administration du District.

Si la cotisation est réduite, l'excédent sera de même porté, la première
année, sur les fonds des non-valeurs,
et réparti les années suivantes, sur toutes
les Municipalités du District.

III. La réclamation d'une administration de District qui se croiroit lésée,
sera de même adressée au Directoire du
Département, et communiquée par lui
aux autres Districts de son ressort, pour
y être ensuite statué contradictoirement
et définitivement par l'administration du

Département , sur le rapport et l'avis de son Directoire.

Les administrations de Département, adresseront chaque année à la Législature leurs decisions sur les réclamations des administrations de District, avec les motifs de ces décisions.

Quant aux sommes excédentes des contingens réduits , elle seront aussi portées la première année sur le fonds des non-valeurs , et réparties les années suivantes sur tous les Districts du même Département.

IV. Enfin, si c'est une administration de Département qui se croit fondée à réclamer , elle s'adressera par une pétition à la Législature.

Le rejet de la somme excédente se fera de même la première année sur le fonds des non-valeurs , et les suivantes , par reversement , sur tous les autres Départemens.

TITRE V.

De la Perception et du Recouvrement.

ARTICLE PREMIER.

CHAQUE année , aussitôt que le man-

dement pour la répartition de la Contribution foncière, sera parvenu à la Municipalité, les Officiers municipaux de
chaque Communauté feront afficher la
recette pour l'année suivante. Il ne sera
reçu de soumissions pour en être chargé,
que de sujets reconnus solvables, et
donnant caution suffisante, et l'adjudication sera faite par le Conseil général de
la Commune, à celui ou à ceux qui s'en
chargeront au plus bas prix.

II. Si plusieurs ou même toutes les
Municipalités d'un canton, jugeoient
utile de se réunir pour confier en commun cette perception à un seul Receveur,
elles en conviendront par une délibération du Conseil général de chaque Commune, et dans ce cas l'adjudication se
fera dans le chef-lieu du canton, ou dans
tel autre dont on conviendra, pardevant
un certain nombre de Commissaires nommés pour chaque Communauté.

III. La somme qui aura été attribuée
pour la perception, sera répartie sur
tous les Contribuables, en sus de leur
cotisation à la Contribution foncière.

IV. Les Officiers municipaux pourront en tout temps vérifier, sur le rôle, l'état des recouvremens, et les Receveurs de Communautés seront tenus de verser chaque mois dans la Caisse du District, la totalité de leur recette.

V. La cotisation de chaque Contribuable sera divisée en douze portions égales, payables chacune le dernier de chaque mois.

VI. Dans la première huitaine de chaque trimestre, c'est-à-dire, dans la première huitaine des mois d'avril, juillet, octobre et janvier, il sera formé par les Receveurs des Communautés, un état de tous les Contribuables en retard du trimestre précédent : cet état visé par les Officiers municipaux, sera publié et affiché ; et faute de payement dans cette première huitaine, le Contribuable payera, à compter du premier dudit mois, l'intérêt de la somme dont il se trouvera arriéré.

VII. L'intérêt courra au taux de six pour cent l'an, dans les quatre premiers mois, de cinq pour cent dans les quatre mois suivans, et de quatre pour cent dans les quatre autres, au bout desquels

il cessera ; et les intérêts seront au profit des Receveurs , Caissiers ou Trésoriers , qui seront toujours obligés d'en
faire l'avance.

VIII. Les Receveurs de Communautés
qui n'auroient fait aucunes poursuites
pendant trois années , à compter du jour
où le rôle aura été rendu exécutoire ,
seront déchus de tous droits.

IX. A défaut de payement de la Contribution foncière , les fruits ou loyers
pourront être saisis , et il ne sera en
conséquence décerné de contrainte pour
cette perception , que sur ceux des Contribuables , dont l'espèce de propriété
n'auroit pas un revenu saisissable , comme
maisons non louées , bois non-exploités,
prés à tourber , etc.

X. Tous fermiers ou locataires seront
tenus de payer en l'acquit des propriétaires , la Contribution foncière pour les
biens qu'ils auront pris à ferme ou à
loyer , et les propriétaires seront tenus
de recevoir le montant des quittances
de cette Contribution pour comptant ,
sur le prix des fermages ou loyers.

XI. La forme des états des Contribuables **en** retard , celle des saisies et la nature des contraintes , seront determi-nées par un règlement particulier.

XII. Le présent Décret sera incessam-ment porté à l'acceptation du Roi.

INSTRUCTION

DE L'ASSEMBLÉE NATIONALE ,

SUR LA CONTRIBUTION FONCIÈRE,

décrétée les 22 et 23 Novembre 1790.

L'ASSEMBLÉE NATIONALE a décrété les 20 , 22 et 23 de ce mois , l'établis-sement d'une Contribution foncière , qui sera dorénavant la seule dont les proprié-tés foncières soient chargées pour les dépenses générales de l'État. Le Décret est composé de plusieurs Titres, dont le premier intitulé : *Articles généraux,* détermine les caractères de cette Con-tribution. Voici le premier article.

« Il sera établi , à compter du 1.er » janvier 1791 , une Contribution fon-» cière, qui sera répartie par égalité

» proportionnelle, sur toutes les pro-
» priétés foncières, à raison de leur
» revenu net, sans autres exceptions
» que celles déterminées ci-après pour
» les intérêts de l'Agriculture. ».

L'égalité proportionnelle dans la répartition, est un principe fondamental en matière de contributions, et ce principe peut recevoir une application exacte dans la Contribution foncière, parce que les revenus sur lesquels elle porte, sont susceptibles d'une évaluation précise, puisque ce sont ceux de fonds connus, et que la publicité des opérations pour son assiette, permet à tous les Contribuables de les surveiller.

La Contribution foncière a aussi pour un de ses principaux caractères, d'être absolument indépendante des facultés du propriétaire qui la paye; elle a sa base sur les propriétés foncières, et se répartit à raison du revenu net de ces propriétés; on pourroit donc dire avec justesse que c'est la propriété qui seule est chargée de la contribution, et que le propriétaire n'est qu'un agent qui l'acquitte pour elle, avec une portion des fruits qu'elle lui donne.

Si donc deux arpens donnent à leurs propriétaires un revenu égal, la cotisation des deux arpens doit être la même ; mais si l'un, par exemple, donne un revenu de 24 livres, et l'autre de 12 livres, la cotisation du premier doit être double de de la cotisation du second, et ainsi dans toutes les autres proportions ; de manière que si une propriété fournit à la contribution une cinquième partie de son revenu toutes les autres propriétés devront y fournir aussi le cinquième.

Elle doit être répartie *sur toutes les propriétés foncières.* On comprend sous cette dénomination, outre les fonds territoriaux, les maisons ; elles ont toujours participé aux impôts fonciers.

Elle doit être répartie sur toutes les propriétés foncières, *à raison de leur revenu net.* L'article II explique ce que l'on doit entendre par le *revenu net*, qui est *ce qui reste au propriétaire, déduction faite, sur le produit brut*, (c'est-à-dire, sur la totalité de ce qu'un champ a rendu) de la quantité de gerbes suffisante pour *payer les frais de culture, de semences, de récolte et d'entretien ; et* l'article III définit *le revenu imposable,* qui est *le revenu net moyen, calculé sur un nombre d'années déterminé.* On donnera dans les explications sur le titre suivant, le moyen de faire les évaluations, et de déterminer le *revenu* imposable des divers fonds.

La Contribution foncière doit être répartie sur toutes les propriétés foncières, à raison de leur revenu net, *sans autres exceptions que celles qui seront déterminées pour les intérêts de l'Agriculture.*

Toutes les propriétés foncières, même celles dont le produit paroît nul, doivent être cotisées, parce que toutes sont protégées par la force publique ; mais elles ne doivent contribuer que pour une somme extrêmement modique, ainsi qu'il sera expliqué plus au long dans la partie de l'Instruction qui concerne le Titre III du Décret.

Les terrains actuellement employés au service public, comme les chemins, le cours des rivières, les rues et les places publiques, doivent seuls être exempts de taxe, et il sera fait mention de leur

contenance

contenance, dans les états descriptifs
du sol, qui pourront être ordonnés dans
la suite ; mais tous les autres terrains
possédés soit par les Communautés d'habitans, soit par le Roi, soit même par
la Nation, doivent être cotisés, et
acquitter la contribution comme tous les
autres fonds ; de manière que la totalité
de la surface du Royaume y participe ,
que les mutations de propriétaires soient
des évènemens indifférens à la perception, et ne puissent pas apporter dans
l'assiette de la contribution, des varia-
tions qui nuisent toujours à son exactitude. Le temps des priviléges est passé ,
et aucune propriété ne doit être sous-
traite à la loi salutaire de l'égalité , que
pour les intérêts de l'agriculture , et
pour un espace de temps qui permette
au propriétaire qui a fait des avances
considérables, de les retirer. En exami-
nant le Titre III , l'on entrera sur ces
modifications dans les détails nécessaires.

La Contribution foncière sera tou-
jours d'une somme fixe, et déterminée
annuellement par la Législature; ainsi
les peuples ne seront plus exposés à ce

B

accroissemens de contributions ordonnés par un Conseil despotique, enregistrés par des Tribunaux sans mission. Des Représentans élus par eux, régleront, chaque année, d'après les besoins de l'État, la somme de la contribution, qui, répartie par la Législature entre les Départemens, sera ensuite répartie par l'administration du Département entre les Districts, par l'administration du District entre les Municipalités, et par chaque Municipalité sur toutes les propriétés qui composent son territoire.

Enfin, la Contribution foncière sera *perçue en argent:* l'Assemblée Nationale a préféré ce mode à celui de la contribution *en nature*, qui a le double inconvénient d'une répartition moins exacte et d'une perception plus embarrassante, plus dispendieuse et plus onéreuse au Contribuable.

T I T R E I I.

Assiette de la Contribution foncière pour 1791.

Pour parvenir à l'assiette de la Con-

tribution foncière de 1791 , *les Muni-cipalités sont tenues* , d'après l'article
I.er du second Titre , *de former, aussi-tôt que ce Décret leur sera parvenu* ,
*et sans attendre le mandement du Di-rectoire de District , un tableau indi-catif du nom des différentes divisions
de leur territoire , s'il y en a déjà
d'existantes , ou de celles qu'elles dé-termineront , s'il n'en existe pas déjà ;
et ces divisions s'appelleront* Sections ,
soit dans les villes , soit dans les cam-pagnes.

En conséquence , les Officiers muni-cipaux procéderont à cette division par
une Délibération dont le modèle est ci-après , *Numéro* (1). Ils enverront sans
délai au Directoire du District , une
expédition de cette Délibération ; le
Procureur de la Commune la fera affi-cher à la porte du lieu des séances de
la Municipalité , de l'église paroissiale
et autres lieux publics , et elle sera aussi
publiée au Prône.

Cette première opération terminée ,
le Conseil municipal , conformément à
l'article II , *choisira parmi ses mem-*

bres, des Commissaires qui seront assistés en nombre au moins égal, d'autres Commissaires nommés par le Conseil général de la Commune, dans une assemblée qui sera indiquée huit jours à l'avance, et à laquelle les propriétaires domiciliés ou forains, pourront assister et être élus, pourvu néanmoins qu'ils soient citoyens actifs; on pourra élire aussi les fermiers ou métayers domiciliés, pourvu de même qu'ils soient citoyens actifs.

Cet article n'a pas besoin de grands développemens; il suffira d'observer que le choix de ces Commissaires devra porter sur ceux des propriétaires, fermiers ou métayers qui seront jugés connoître le mieux le territoire de la Communauté. Le nombre n'en est point fixé par cet article; le Conseil général de la Commune le déterminera d'après l'étendue du territoire, et comme il est important d'accélérer cette opération, le Conseil général pourra, s'il le juge convenable, en nommer un nombre suffisant pour que le travail puisse se partager en autant de parties qu'il y aura d'Officiers municipaux, dont chacun seroit assisté de deux ou trois de ces Commissaires.

Tous les propriétaires seront admis à cette assemblée, mais l'élection ne sera faite que par le Conseil général de la Commune. Il a paru juste de donner aux propriétaires forains le droit d'y être présens et éligibles, parce qu'ayant le même intérêt que les propriétaires habitans, dans tout ce qui concerne la Contribution foncière, ils doivent jouir des mêmes droits, et peuvent également mériter la confiance de la Communauté. La qualité de citoyen actif, relativement à la contribution de 1791, sera justifiée par les rôles de 1790.

Le travail dont ces Commissaires ainsi nommés auront à s'occuper, est expliqué par l'article III.

Ces Commissaires se transporteront sur les différentes sections, et y formeront un État indicatif des différentes propriétés qui sont renfermées dans chacune; ils y joindront le nom de leur propriétaire, en y comprenant les biens appartenans aux Communautés elles-mêmes.

Les États à former dans chaque Communauté doivent être uniformes. Pour parvenir à cette uniformité, les Directoires de Départemens feront imprimer les feuilles nécessaires, et en enverront aux Directoires de Districts, qui les distribueront aux Municipalités en nombre suffisant. Le modèle de ces imprimés est joint à la présente Instruction sous le N.º (2).

Ces feuilles seront divisées par cases, dont chacune est destinée à indiquer un seul article de propriété, avec le nom du propriétaire. Ces cases seront remplies les unes après les autres, suivant l'ordre de la position de chaque objet de propriété dans la section.

L'ordre le plus convenable à suivre dans cette énonciation, sera de commencer, autant qu'il sera possible, par les propriétés qui seront le plus au levant, et de faire successivement le tour de la section, pour passer ensuite à celles qui en forment le centre.

Chaque case est partagée en plusieurs colonnes : la première est destinée à indiquer le N.º qui sera donné à chaque article de propriété, en commençant par le N.° 1.er, et ainsi de suite.

Dans la deuxième sera inscrit le nom de famille du propriétaire, en laissant sur la même ligne un intervalle suffisant pour y placer son nom de baptême, lorsqu'il sera connu. Les Commissaires indiqueront ensuite la profession du propriétaire et sa demeure, s'ils les connoissent.

Dans la première partie de la troisième colonne, les Commissaires se borneront à indiquer la nature de chaque propriété par ces seuls mots : *Terre labourable, Pré, Vigne, Bois taillis, Futaie, Maison*, etc.

La quatrième colonne ayant une destination étrangère à ce premier travail des Commissaires, il n'en sera parlé que ci-après, ainsi que de la seconde partie de la troisième colonne, et des autres réservées.

La formation de cet État ne présente aucune difficulté ; il n'y a point de Communauté où il ne se trouve plusieurs propriétaires et cultivateurs en état de concourir à sa rédaction ; les Commissaires qui auront été choisis, pourront donc facilement terminer ce travail en très-peu de jours, et s'aider utilement des cadastres et parcellaires dans les pays qui en ont, ainsi que des plans, terriers et autres renseignemens qu'ils pourront se procurer.

Lorsque ces États auront été formés pour chaque section, l'État de la première section sera coté de la lettre *A* ; le second, de la lettre *B* ; le troisième, de la lettre *C*, ainsi de suite.

Enfin, ces États seront déposés au Secrétariat de la Municipalité, conformément à la seconde disposition de l'article III ci-dessus cité, *pour que tous les Contribuables puissent en prendre connoissance.*

Dans le délai de quinze jours après la formation et la publication des susdits États, est-il dit par l'article IV, *tous les propriétaires feront au Secrétariat de la Municipalité, par eux ou par leurs fermiers, régisseurs ou fondés de pouvoirs, et dans la forme qui sera prescrite, une déclaration de la nature et de la contenance de leurs différentes propriétés.*

L'exécution de cet article exige une observation essentielle, c'est que les propriétaires doivent faire autant de déclarations qu'il existera dans la Communauté, de sections dans lesquelles ils possèdent des fonds.

Ces déclarations devront être rédigées suivant le modèle joint à la présente Instruction (N.º 3), et devront être signées par le déclarant : en conséquence, les Officiers municipaux ne devront admettre que celles rédigées dans les formes qui viennent d'être prescrites.

A l'égard des propriétaires qui ne se trouveroient point résidans dans la Communauté, au moment même où elles devront être fournies, elles seront faites en leur nom par leurs fermiers, régisseurs, ou par leurs fondés de pouvoirs.

Ces déclarations pourront être reçues, si le déclarant ne sait pas écrire, par le Secrétaire - greffier de la Municipalité, sans aucun frais, et ensuite le déclarant signera. S'il ne sait pas même donner sa signature, la déclaration sera signée par deux Officiers municipaux ou Commissaires présens, et par le Secrétaire-greffier.

Les déclarations des biens possédés par les fabriques, les maisons de charité ou d'éducation, et l'ordre de Malte, seront faites par leurs Administrateurs.

Celles des biens appartenans aux Communautés d'habitans, seront faites par les Officiers municipaux, et ces diverses déclarations seront faites conformément au modèle (*N*.º 3).

Celles des biens nationaux seront faites au nom des administrations des Districts, par le Procureur de la Commune, qui sera tenu, dans la quinzaine, d'envoyer une copie de ces déclarations au Procureur-syndic du District: elles seront conformes au modèle (*N*.º 4).

A mesure que les déclarations seront fournies, on aura soin de les réunir en une seule et même liasse pour chaque section, et de leur donner un numéro correspondant à celui sous lequel le nom du propriétaire sera porté dans l'État de la section : ainsi les déclarations correspondantes aux propriétés comprises dans la première section, seront timbrées...

A, N.º 1.

A, N.º 2.

A, N.º 3.

Pour les objets compris dans la seconde section.

B , N.º 1.

B , N.º 2.

B , N.º 3.

et ainsi de suite.

A l'égard des déclarations qui contiendront plusieurs objets de propriété compris dans la même section , elles seront placées dans l'ordre du numéro donné dans l'état de section au premier objet de propriété compris dans cette déclaration. Lorsqu'ensuite , en formant la liasse , on sera parvenu au numéro d'un autre objet appartenant au même propriétaire , alors , à défaut d'une feuille de déclaration particulière pour cet objet, il sera inséré dans la liasse une feuille de renvoi ainsi rédigée :

A , N.º 9.

N. . . . . .

Terre labourable.

Voy. la déclaration collective, A N.º 3.

Après l'expiration du délai de quinze jours , prescrit par l'art. IV du Décret,

pour fournir les déclarations, il est enjoint par le même article, aux Officiers
municipaux et aux Commissaires-adjoints,
de procéder *à l'examen des déclarations,*
et de suppléer, *d'après leurs connoissances locales, à celles qui n'auroient
pas été faites, ou qui se trouveroient
inexactes.*

Dans ce dernier cas, les Officiers
municipaux et Commissaires adjoints,
après avoir fait avertir les propriétaires,
fermiers, régisseurs, ou fondés de pouvoirs, rectifieront les déclarations inexactes, par une apostille mise au bas de
ces déclarations, et suppléeront à celles
qui n'auront pas été fournies, par un
arrêté particulier *pour chaque numéro
de propriété,* qui sera rédigé à peu-
près dans la même forme que les déclarations elles-mêmes, suivant le modèle
(*N.*º 5), joint à la présente Instruction. Les Officiers municipaux auront
soin de recourir aux cadastres, parcellaires, plans ou autres documens dans
les Communautés où il en existe.

Ces arrêtés seront réunis et rangés avec
les déclarations mêmes, dans la liasse

par

par section, et dans l'ordre qui a été ci-dessus expliqué.

Enfin, conformément au même art. IV, *il sera libre à tous les contribuables de prendre communication de ces déclarations au secrétariat de la Municipalité.*

Les opérations préliminaires qui viennent d'être expliquées, seront suivies du dépouillement et de la transcription que les Officiers municipaux devront faire sur les États de section, du contenu des déclarations fournies par chaque propriétaire; ils auront soin, en faisant ce dépouillement, de porter la contenance de chaque propriété dans la seconde partie de la troisième colonne réservée à cet effet. C'est pour faciliter ce travail, que l'on a expliqué ci-dessus dans quel ordre les déclarations devoient être enliassées, pour qu'il y eût toujours une correspondance exacte entre la liasse des déclarations et les états de section.

Au moyen de ce dépouillement, les états de section se trouveront ainsi successivement complétés dans tous les dé-

C

tails qu'ils doivent présenter (*Voir le modèle N.º 6*), et il ne sera plus question que de porter dans la quatrième colonne, l'évaluation du revenu imposable de chaque propriété foncière, que les Officiers municipaux et Commissaires-adjoints feront en leur ame et conscience.

Cette opération exige, de la part de ceux que la confiance de leurs concitoyens en aura chargés, un désintéressement et une impartialité qui leur fassent, en quelque sorte, méconnoître quel est le possesseur de la propriété dont ils évaluent le revenu; et c'est pour les guider dans cet important travail, et conformément aux articles V, VI et VII du Titre II, qu'il est nécessaire de fixer les principales bases d'après lesquelles ils feront l'évaluation *du revenu imposable de chaque propriété foncière.*

Le revenu imposable d'une terre, est ce qui reste à son propriétaire, déduction faite sur la totalité du produit, des frais de culture, semences, récolte et entretien.

Ces déductions sont nécessairement

très-inégales, puisqu'elles dépendent du genre de culture et des différences de production, de sol et de climat. Il n'est donc possible que de déterminer quelques règles générales, dont les estimateurs de chaque Communauté puissent, avec des connoissances agricoles et locales, faire l'application à l'universalité des terrains dont ils doivent évaluer le revenu, quelle que soit l'espèce de production qui le procure.

Les productions que l'on obtient du sol n'étant des revenus que pour la partie qui reste, après avoir acquitté toutes les dépenses qu'exigent la culture, l'ensemencement, la récolte et l'entretien du terrain qui les donne, il faut déduire toutes ces dépenses, pour connoître le véritable revenu net.

Les *frais de culture* sont très-multipliés, et peu faciles à calculer en détail; l'on peut seulement dire qu'il faut y comprendre les objets suivans.

L'intérêt de toutes les avances premières, nécessaires pour l'exploitation, telles que les bestiaux et les autres dépenses qu'on est obligé de faire avant d'ar-

ver au moment où l'on peut vendre où
consommer les produits ; l'entretien des
bâtimens , celui des instrumens aratoires,
tels que charrues , voitures , etc. ; les
salaires des ouvriers , les salaires ou bé-
néfices du cultivateur qui partage et di-
rige leurs travaux ; l'entretien et l'équi-
pement des animaux qui servent à la culture : il faut encore déduire les renou-
vellemens d'engrais , lorsqu'il est nécessaire d'en acheter , la quantité de grains
employés à l'ensemencement , ainsi que
les autres dépenses des semailles.

Les *frais de récolte* sont aussi très-
variables , suivant les méthodes usitées
dans chaque pays , pour chaque espèce
de production ; ils consistent , par exemple , pour les blés , dans le payement
en grains ou en argent des moissonneurs
qui les coupent , de ceux qui les lient,
les charrient à la grange ou à l'aire , de
ceux qui les y battent , les transportent au grenier , soit peu de jours après ,
soit en d'autres temps de l'année , enfin
jusqu'à l'époque où le blé peut être porté
au marché ou au moulin.

Les *frais d'entretien* d'une propriété

sont ceux nécessaires à sa conservation, tels que les digues, les écluses, les fossés et autres ouvrages, sans lesquels les eaux de la mer, des rivières, des torrens, pourroient détériorer et même détruire des propriétés que des travaux utiles conservent.

Lorsque précédemment on imposoit des biens-fonds, il étoit nécessaire d'examiner s'ils étoient ou non possédés en fief, si celui qui en jouissoit étoit ou non privilégié, si ces biens étoient grevés de rentes ci-devant seigneuriales ou foncières, d'agriers, de champarts, ou autres prestations en argent, en denrées, en quotité de fruits. Ce n'étoit qu'après avoir fait ces combinaisons difficiles, qui éloignoient d'une bonne évaluation, que les estimateurs pouvoient opérer.

Ce qui augmentoit encore les vices de la répartition dans la taille personnelle et mixte, c'est que l'imposition s'en faisant sur le rôle de la Communauté où étoit domicilié celui qui exploitoit les biens-fonds, et non pas constamment sur le rôle de la Communauté dont ces propriétés composoient le territoire, un re-

venu imposé , tantôt dans une Communauté , tantôt dans une autre , ne pouvoit être justement apprécié ; mais par
les Décrets des 28 novembre et 17 décembre 1789 , toutes les propriétés foncières doivent être cotisées sur le rôle
de la Communauté dans laquelle elles
sont situées.

Les démarcations entre les Communautés sont depuis long-temps constantes
dans quelques Départemens ; et dans les
pays où il régnoit quelque incertitude ,
il a dû être procédé l'année dernière ,
conformément à une Instruction du Roi,
du 21 mars dernier , à cette fixation de
limites : s'il existoit encore quelques
contestations à ce sujet , elles seront dé ·
cidées par les Corps administratifs. Les
Communautés n'ont rien à craindre de
ces délimitations , puisqu'elles n'auront
d'effet que pour la répartition de la Contribution foncière. Il importe seulement
que les administrations de District en
ayent connoissance , afin d'y avoir égard,
lorsqu'elles détermineront la quote-part
que doit supporter chaque territoire.

Ces limites ne préjudicieront point aux

droits de pâturage, parcours, usage, chaumage et glanage, qui appartiennent à chaque Communauté, et dont elles jouiront comme par le passé..

Les priviléges personnels ou réels en matière de subsides, sont abolis par l'article IX du Décret du 4 août 1789; et jours suivans; et les exemptions dont jouissoient, dans quelques pays, les terrains pour lors appelés fiefs ou biens nobles, l'ont été aussi par les articles IV, V et VI du Décret du 26 septembre 1789.

. Ces loix qui ont fait succéder à des siécles d'oppression, l'égalité des droits des personnes et des propriétés, ont encore l'avantage de faciliter les estimations et la connoissance du véritable revenu de chaque propriété.

Les articles VI, VII et VIII du Titre II du Décret sur la Contribution foncière, ont encore applani les difficultés qui pouvoient embarrasser dans l'évaluation des revenus, lorsque les propriétés étoient chargées de rentes ci-devant seigneuriales ou foncières., d'agriers, champarts ou autres prestations., soit en argent, soit en denrées, soit en quotité de fruits.

Ces rentes et prestations seront assujetties à une retenue proportionnelle à la contribution ; et quoique le mode et la quotité de cette retenue ne soient pas encore décrétés, comme ils le seront très-incessamment, l'évaluation du revenu net sera faite sans les déduire, ce qui sera conforme aux articles ci-dessus cités, et donnera aux évaluations, une fois bien faites, une durée qu'elles n'eussent pu avoir si l'on eût imposé particulièrement des rentes qui, conformément aux Décrets qui les déclarent rachetables, seront successivement rachetées, ce qui obligeroit à faire des changemens aux matrices des rôles, à mesure que chaque propriété aura été affranchie de ces redevances.

Il faudra donc évaluer chaque propriété, sans avoir égard aux charges dont elle est grevée.

Il n'est pas nécessaire, pour ces évaluations, de faire toujours le calcul détaillé et difficile des déductions sur la récolte de chaque propriété ; ce seroit une chose impraticable , par exemple, que de déterminer ce que les divers frais d'exploitation peuvent coûter pour chaque arpent en particulier ; mais après avoir fait le calcul sur deux ou trois cents arpens , on répartira la somme de déductions que l'on aura trouvée sur chacun de ces arpens. On peut aussi prendre dans le territoire , quelques exemples des différentes qualités de terre et de productions , et s'en servir pour évaluer par comparaison celles qui auront des caractères semblables.

Mais une grande connoissance des récoltes que donne un territoire , des avances et des frais qu'elles exigent , peut suppléer amplement à tous ces calculs , ainsi que le prouve l'expérience presque toujours sûre, de ceux qui donnent ou prennent à bail des propriétés territoriales. Le prix moyen des fermages est le véritable produit net, dans lequel il ne faut pourtant point comprendre l'entretien des bâtimens nécessaires à l'exploitation , et dont il faut aussi déduire le loyer ou l'avance des bestiaux dans les pays où ils sont fournis par les propriétaires du fond.   C 5

Il faudra donc que chaque estimateur
se pénètre de ces principes, et se dise à
lui-même : « Si j'étois propriétaire de ce
» bien, je pourrois trouver à l'affermer
» raisonnablement *tant :* si j'étois dans
» le cas d'être fermier, je pourrois en
» rendre la somme de ....» c'est-à-
dire, le prix que seroit effermé cette
propriété, lorsque, pour son exploitation, le propriétaire ne fourniroit ni bâ-
timent, ni bestiaux, ni instrumens aratoires, ni semences, mais seroit chargé
d'en acquitter la Contribution foncière.

Dans quelques parties du Royaume,
si le propriétaire ne fournissoit point de
bâtimens, et si, dans d'autres, il ne
donnoit pas en même-temps des bestiaux,
des instrumens de labourage et des semences, il lui seroit difficile, et peut-
être impossible, de trouver à faire ex-
ploiter ses domaines ; mais pour lors il
joint à sa qualité de propriétaire du bien,
celle de propriétaire d'une partie ou de
la totalité des avances nécessaires à l'exploitation. Ces objets accessoires de la
propriété foncière ne doivent point être
confondus avec elle, ni par conséquent

assujettis au même genre de contribution. Ainsi, soit que le propriétaire fasse valoir son bien en entier et à ses risques, soit qu'il fournisse à un cultivateur partiaire la totalité ou partie des objets nécessaires à cette exploitation, soit que le bien seul soit affermé, et que le fermier possède les bâtimens et tout ce qui sert à sa culture, l'évaluation doit être la même, c'est-à-dire, uniquement celle du revenu de la terre, sans y comprendre tout ce qui n'y est qu'accessoire et qui sert seulement à la faire produire.

Les conventions faites entre le propriétaire et le fermier ne devant jamais occasionner ni surcharge, ni modération de cotisation, les Officiers municipaux et Commissaires - adjoints ne pourront exiger la représentation d'aucuns baux, et ne seront pas tenus non plus d'y avoir égard, lors même qu'ils leur seroient exhibés.

La Contribution foncière devant être perçue en argent, toutes les évaluations de revenu seront faites de même en argent. Dans les pays où les biens s'afferment en grains ou autres denrées, dans ceux où les fruits se partagent entre le propriétaire et le colon dans des proportions convenues, et lorsque le colon est obligé à un certain nombre de journées de travail avec ses chevaux ou bœufs, il sera nécessaire d'estimer en argent, et au prix moyen de leur valeur, ces différens produits que le propriétaire retire de son domaine.

Les terres ne portant pas toutes chaque année, ou le faisant très-inégalement, pour connoître le revenu imposable d'une terre, il faudra, conformément à l'article III du titre I.er, *le calculer sur un nombre d'années déterminé.* Celui de quinze ans a paru le plus convenable pour les terres qui produisent le plus ordinairement des blés, des orges, des avoines, des chanvres, des lins et autres plantes annuelles ; il est possible de compter que dans cet espace de temps, ces terrains produiront successivement les fruits dont la culture étant la plus usitée dans le territoire, en fait la véritable valeur.

Cet espace de quinze ans a permis éga-

lement de comprendre dans cette estimation les terres que l'on convertit, pendant quelques années, en prairies arti-
ficielles ; et comme le véritable revenu
d'une terre se compose des productions
diverses que l'on en obtient, l'on ne
peut bien en faire l'évaluation qu'en la
calculant sur un nombre d'années pendant lesquelles on puisse cultiver plusieurs des principales productions.

En outre, pendant quinze années,
il y a lieu d'espérer que quelques récoltes
abondantes dédommageront de celles des
années malheureuses pendant lesquelles
des sécheresses, des pluies, des hivers
rigoureux, des grêles, des débordemens
de rivières, d'autres accidens diminuent,
et même détruisent quelquefois les récoltes. De cette manière, le revenu
moyen d'une terre peut être estimé avec
bien moins d'incertitude, en le calculant
sur quinze années, qu'en ne faisant cette
évaluation que sur un temps plus court,
sur-tout pour les terres de médiocre valeur, que dans certains pays on laisse
ordinairement reposer pendant cinq ou
six ans, pour les remettre ensuite en
culture.

Les Officiers municipaux et Commissaires - adjoints observeront donc d'évaluer le revenu imposable de chaque propriété pour l'année 1791 , eu égard au
produit moyen qu'elle peut donner en
suivant la culture généralement usitée
dans le pays , et sans égard à l'espèce
de fruits dont elle est chargée ou doit
l'être dans l'année ; ainsi , sept arpens
de terre *de qualité égale* , dont deux
seroient ensemencés en blé , un en lu-
zerne , un en lin , un en avoine , et
les deux autres ne donnant cette année
aucune production , et étant simplement
cultivés pour être ensemencés pendant
l'automne ou le printemps suivant , devront être évalués au même taux et cotisés à la même somme , soit qu'ils
appartiennent à un seul propriétaire ou
ou à plusieurs , quoique les uns ne doivent donner aucune récolte , et qu'il y
ait lieu de croire que les différences de
fruits en occasionneront dans la valeur
de celles que donneront les autres. De
plus, quand bien n ê ne la récolte du blé
seroit estimée ne pas devoir être égale
dans chacun des deux arpens, parce qu'ils,

n'auroient reçu ni la même culture, ni les mêmes engrais, ils doivent toujours être cotisés à la même somme.

En général, dans des terres *d'égale valeur*, l'on n'obtient une récolte plus abondante de l'une que des autres, qu'en y faisant plus de dépenses, ou qu'en y donnant des soins plus actifs et plus heureux, et certainement il est de la justice et de l'intérêt de la Nation de ne pas surtaxer les avances hasardées et les peines de l'homme laborieux qui a l'avantage d'augmenter la vraie richesse de son pays, et qui n'y parvient souvent qu'après des essais et des travaux dispendieux, dont les remboursemens ne sont cependant pas des revenus pour lui ; mais quand d'abondantes récoltes ainsi obtenues sont profitables à sa fortune, elles le sont doublement à celle de sa patrie, et par l'accroissement de la masse des subsistances, et par les utiles exemples qu'elles y donnent.

Les prés naturels nécessitant moins de dépenses que les terres labourables, l'évaluation de leur revenu imposable sera plus facile. En estimant leur revenu, il est juste d'y comprendre celui des arbres qui peuvent y être plantés, mais aussi d'avoir égard à la diminution qu'ils apportent dans la fertilité du terrain qu'ils ombragent ; ces observatioes sont également applicables aux autres natures de biens.

Dans l'évaluation des prairies qui ne servent que de pâturages possédés par des particuliers, par des Communautés d'habitans, par le Roi, ou par la Nation, il ne faudra comprendre que le revenu moyen que l'on en retireroit en les affermant, sans fournir les bestiaux qu'elles nourrissent, ni aucuns bâtimens.

L'article X du Titre II, qui dit que *Pour déterminer la cotte de contribution des Maisons, il sera déduit un quart sur leur revenu, en considération du dépérissement et des frais d'entretien et de réparations*, n'exige que peu d'explication : il suffit d'observer qu'il faut évaluer ce revenu au taux moyen des loyers de la Communauté, et que la déduction du quart, accordée en considération du dépérissement, des frais d'entretien et de ceux de réparation, ne permet de faire aucune autre déduction, lors de leur première construstion , ni lorsqu'elles ont nécessité de fortes réparations. Seulement les maisons neuves ne doivent être cotisées que pour l'année qui suivra celle pendant laquelle elles auront commencé à être habitées ; et jusqu'à cette époque, le terrain sur lequel elles seront construites, acquittera la même contribution qu'auparavant.

D'après l'article XI , *la cotisation des maisons situées hors des villes , lorsqu'elles seront habitées par leurs propriétaires sans valeur locative, sera faite à raison de l'étendue du terrain qu'elles occupent , si elles n'ont qu'un rez - de - chaussée ; la cotisation sera double , si elles ont un étage , triple pour deux , et ainsi de suite pour chaque étage de plus.*

Le terrain sera évalué sur le pied des meilleures terres labourables de la Communauté.

Beaucoup de maisons situées hors des villes, sur-tout lorsqu'elles en sont éloignées , n'ont véritablement aucune valeur locative , puisque le propriétaire ne pourroit trouver à les louer, lors même qu'il le désireroit, et qu'il n'y a souvent dans la Communauté aucune maison louée qui pût servir d'objet de comparaison; ainsi l'une de ces maisons, qui, avec les bâtimens en dépendans et les cours, occuperoit un arpent de terre, seroit cotisée comme un arpent des meilleures terres labourables de la Communauté; mais la multiplication de la taxe par les étages, ne doit s'appliquer qu'à l'étendue du terrain occupé par les bâtimens : les greniers ne doivent pas être considérés comme un étage.

L'article XII porte que : *Quant aux maisons qui auront été inhabitées pendant toute la durée de l'année expirante au jour de la confection du rôle, elles seront cotisées seulement à raison du terrain qu'elles occupent, évalué sur le pied des meilleures terres labourables de la Communauté.*

Il faut observer sur cet article, que la cotisation doit seulement être égale à celle des meilleures terres labourables, quel que soit le nombre d'étages qu'ayent les bâtimens.

S'il n'y a pas de terres labourables dans une Communauté, l'évaluation se fera, d'après celles de la Communauté la plus voisine.

L'article XIII dit que : *Les bâtimens servant aux exploitations rurales, ne seront point soumis à la Contribution foncière ; mais le terrain qu'ils occupent sera évalué au taux des meilleures terres labourables de la Communauté.*

. Il faut entendre par *bâtimens servant aux exploitations rurales*, les granges, greniers, caves, celliers, écuries, étables, pressoirs, et tous les autres bâtimens qui servent au logement des bestiaux d'une exploitation, ou à en serrer les récoltes, et évaluer le terrain occupé tant par les bâtimens que par les cours, au taux des meilleures terres labourables de la Communauté.

L'article XIV porte que : *Les fabriques et manufactures, les forges, moulins et autres usines, seront cotisés à raison des deux tiers de leur valeur locative, en considération des frais d'entretien et de réparations qu'exigent ces objets. L'on n'impose que les*

deux tiers de la valeur locative pour ces
objets, parce qu'en général le dépérissement, l'entretien et les réparations sont
plus considérables que pour les maisons.

Les articles XV et XVI portent que :
*Les Mines ne seront évaluées qu'à rai-
son de la superficie du terrein occupé
par leur exploitation.*

Il en sera de même pour les Carrières.

L'on doit entendre par le terrain qu'occupent les mines et carrières, non-seulement celui de leurs ouvertures, mais
encore tous ceux où sont leurs réserves
d'eau, leurs déblais et les chemins qui
ne sont qu'à leur usage.

Par l'article XVII il est statué que :
*Les terrains enclos seront évalués d'a-
près les mêmes règles, et dans les
mêmes proportions que les terrains non
enclos donnant le même genre de productions. Les terrains enlevés à la culture pour le pur agrément, seront évalués au taux des meilleures terres labourables de la Communauté.*

L'évaluation de ces terrains doit être
faite sans avoir aucun égard aux clôtures, soit de hais, de fossés ou de mu-

railles, de manière que les bois , les prés,
les pâturages , les vignes , les vergers et
potagers qu'elles contiennent , soient
estimés au même taux que les terrains
non enclos , d'égale qualité et donnant
les mêmes productions. Mais dans cette
estimation il ne faudra non plus admettre
aucune déduction de revenu pour les
constructions, ni pour l'entretien des
clôtures.

Dans les enclos qui contiennent des
bois , prés , vignes , etc. , il faudra
évaluer séparément chaque nature de
bien.

Quant aux terrains enlevés à la culture pour le pur agrément , tels que les
parterres , pièces d'eau , etc. , ils doivent être taxés comme les meilleures terres labourables de la Communauté.

C'est sur-tout en évaluant les vignes ,
champs et jardins plantés d'arbres fruitiers , que l'on ne doit point oublier que
le revenu net est le seul imposable ; car
le produit casuel de ces biens n'est , en
grande partie , que le remboursement des
dépenses. Il en est de même des produits
que donnent les oliviers, les noyers, les

mûriers , les châtaigniers et autres arbres
fruitiers qui sont aussi très - casuels : le
revenu que l'on en obtient sera calculé
sur quinze années , en tenant compte
des frais nécessaires de replantation partielle.

Les Officiers municipaux et Commissaires-adjoints doivent avoir égard , dans
l'évaluation des revenus , aux propriétés
qui, exigeant des frais de cultures habi-
tuels , ne donnent cependant aucun produit pendant plusieurs années.

L'article XVIII porte que : *L'évaluation des Bois en coupe réglée , sera faite
d'après le prix moyen de leurs coupes
annuelles.*

Il faudra faire un prix moyen des ventes de ces bois. Si le taillis , par exemple
est divisé en quinze coupes annuelles ,
le revenu est le quinzième du prix de
la totalité des ventes ; il en est de même
pour les futaies qui sont en coupe réglée.

Suivant l'article XIX, *l'évaluation
des bois taillis qui ne sont pas en
coupe réglée , sera faite , d'après leur
comparaison avec les autres bois de la
Communauté ou du canton.* Si par son

peu d'étendue ou pour d'autres causes, un bois n'est point en coupe réglée, il sera facile de l'estimer d'après les mêmes règles que ceux qui y sont. Par exemple, si un bois a quinze arpens, et est de même qualité que les bois taillis qui se coupent tous les quinze ans, quand bien même le propriétaire ne feroit une coupe que tous les quinze ans, ou bien une de quelques arpens tous les quatre ou cinq ans, il faudra estimer le revenu de son bois, comme s'il en coupoit un arpent par an.

Pour évaluer le revenu des bois, il faut les estimer au prix qu'ils valent sur pied, et en déduire les frais de garde et de repeuplement.

Dans quelques-unes des anciennes généralités, l'on étoit dans l'usage, en procédant à l'évaluation des biens-fonds, le les diviser par classes. Souvent l'on m formoit trois, quatre, cinq, et quelquefois davantage ; les terres labourables, es vignes, les prés, les bois y étoient galement classés. Cette manière d'évauer n'est pas celle indiquée dans la préente Instruction : ce mode pourroit aug,

menter les difficultés , eu égard au double
travail de classer les biens-fonds , chacun suivant sa nature , et de faire les calculs d'évaluation proportionnels à la classification ; cependant les Municipalités
dans lesquelles les diverses opérations
relatives à la répartition des impositions,
se faisoient d'après une classification des
propriétés , pourront continuer à s'en servir cette année , sans en faire mention
dans les déclarations , états de section
et d'évaluation , ni dans la matrice de
rôle ; elles y porteront seulement le
montant des évaluations calculés d'après
leurs classes.

Les évaluations que feront cette année
les Municipalités, n'auront pour objet que
la répartition intérieure entre les contribuables de leur territoire , et ne serviront
point de base aux administrations de Département et de District pour la distribution de la contribution entre les Municipalités; ces dernières devront répartir la
somme qui leur sera assignée, et seront :
tenues au payement de la portion contri- .
butive fixée , sauf à former , s'il y a lieu , ,
des réclamations qui seront appréciées par ?

les

les assemblées administratives, sans égard
pour les évaluations trop modiques qui
auroient pu être faites par quelques Municipalités.

Après que les Officiers municipaux et
les Commissaires - adjoints auront ainsi
procédé, section par section, à l'évaluation de chacun des objets de propriété,
situés sur le territoire de leur Communauté, et auront porté les évaluations
dans la colonne des états de section destinée
à les recevoir, ils seront en état de
procéder à l'exécution de l'article XX,
dont voici les termes : *Les Officiers municipaux procéderont, aussitôt que le
mandement du Directoire de District
leur sera parvenu, à la confection de la
Matrice de rôle, conformément aux
instructions du Directoire de Département, qui seront jointes au mandement,
et ils seront tenus de faire parvenir cette
matrice de rôle arrêtée et signée par eux,
au Directoire de District, dans le délai
de quinze jours, à compter de la date
dudit mandement.*

Cet article prescrit diverses opérations
qu'il faut distinguer ici, et dont les règles

D

ont été renvoyées à la présente Instruction, par la dernière disposition de l'article
XX, portant que : *La forme des rôles,
de leur envoi, de leur dépôt, et la manière dont ils seront rendus exécutoires,
seront réglées par l'Instruction de l'Assemblée Nationale.*

La première de ces opérations est la
rédaction de la matrice de rôle.

La deuxième, la confection de l'expédition du rôle.

La troisième, la vérification du rôle,
pour le rendre exécutoire.

La quatrième, le renvoi du rôle à la
Municipalité, pour y être mis en recouvrement.

La Matrice de ce rôle doit être dressée
par les seuls Officiers municipaux, et
envoyée par eux au Directoire de District,
dans le délai de quinze jours, à compter
de celui de la date du mandement.

Faute d'avoir satisfait, dans ce délai, à
l'obligation qui leur est imposée, les
Officiers municipaux, y compris le Procureur de la Commune, seront personnellement garans et responsables du retard
des recouvremens. En conséquence, à

l'expiration du délai de quinze jours, le Procureur-syndic du District enverra au Receveur une note signée de lui, des Municipalités qui n'auroient point encore envoyé leur Matrice de rôle, pour que le Receveur ait à décerner sa contrainte solidaire contre ces Officiers municipaux en retard, pour le payement du premier quartier de la somme totale assignée par le mandement, et à la présenter au *visa* du Directoire du District.

Le District ne visera toutefois cette contrainte qu'après les quinze jours qui suivront l'expédition du premier délai de quinzaine, fixé pour la rédaction de la Matrice de rôle ; mais aussitôt que la contrainte aura été visée, elle sera mise à exécution.

L'Assemblée Nationale insiste d'autant plus sur l'observation stricte de ces délais, que la rédaction des Matrices de rôles ne sera qu'une opération purement mécanique, qui consiste dans le dépouillement des états de section.

On joint ici le modèle d'une matrice de rôle (N.º 7), qui contient quatre colonnes.

D 2

La première devra indiquer le nom des propriétaires, leur profession et demeure.

Le premier article à porter dans cette colonne, sera le premier article de l'état de section désigné par la lettre *A*.

Le second article sera le deuxième article de la même section *A*, et ainsi de suite.

Après avoir inscrit sur la matrice de rôle le nom du propriétaire compris sous le N.° 1.er de l'état de section *A*, les Officiers municipaux s'occuperont de remplir pour ce même article la seconde colonne de la matrice de rôle qui est intitulée: *Indication, 1.° de la section; 2.° du N.° de chaque article de propriété dans l'état de section; 3.° de l'évaluation du revenu de chacun de ces articles de propriété.*

Pour y parvenir, voici comment ils opéreront :

Si la première pièce de terre indiquée sous le N.° 1.er de la section *A*, appartient à *Joseph-François Barbier*, le premier article de la matrice de rôle sera celui de ce propriétaire, et il sera transcrit d'après les détails que contiendra l'état de section, ainsi qu'il suit.

Art. I.er

Barbier.

(*Joseph-François*),

à Auberville.

} Sect. A. N.º 1. 281

Les Officiers municipaux examineront ensuite, si dans l'état de la section *A*, le même propriétaire n'est pas encore porté pour une autre pièce de terre ; s'il s'y trouve en effet porté au N.º 15, par exemple, pour un autre objet évalué 3 liv. 10 s. alors sous la première ligne de la seconde colonne de la matrice de rôle, ils en établiront une seconde, ainsi qu'il suit :

A . . . N.º 15. . . . 3ˡ. 10ˢ.

Ils examineront ensuite la section *B* : s'ils n'y trouvent aucun article appartenant au même *Joseph-François Barbier*, ils passeront à l'examen de la section *C*. Dans le cas où le même *Joseph-François Barbier* s'y trouveroit compris sous le N.º 21, pour un autre objet de propriété évalué 122 liv. 5 s. ils porteront alors dans la seconde colonne de la matrice de rôle une troisième ligne ainsi rédigé :

D 3

C. .. N.º 21 .... 122 ¹. 5ˢ.

Enfin, si *Joseph - François Barbier*
ne se trouve inscrit pour aucun autre
article de propriété dans les autres états
de section de la communauté, alors son
article dans la matrice de rôle se trouvera complet, et ainsi rédigé.

ART. I.ᵉʳ	Sect. A, N.º 1. 28 ¹ ˢ.
BARBIER	— A N.º 15. 3. 10.
(*Joseph-François*),	— C. N.º 21. 122 5.
demeurant	
à Auberville.	TOTAL . . 153. 15ˢ.

Après ce premier article, viendra
celui du propriétaire qui se trouvera posséder l'objet de propriété porté sous le
N.º 2 dans l'état de la section *A*; et
les Officiers municipaux feront de même
à son égard le dépouillement des numéros
de tous les autres objets de propriété
pour lesquels il seroit désigné dans les
autres états de section.

Enfin les Officiers municipaux continueront ainsi leur dépouillement, de
section en section, de manière qu'il n'y
ait dans la Matrice de rôle, qu'un seul

article pour un seul et même propriétaire.

Les Officiers municipaux s'assureront de l'exactitude de leur dépouillement, en comparant le total des évaluations portées dans la Matrice de rôle, avec les totaux réunis des évaluations portées dans les différens états de section de la Communauté : ainsi, par exemple, si le total des évaluations que donne la Matrice de rôle est de la

somme de. . . . . 40,000 liv.

Et que l'état de
la section *A* don-
ne un total d'éva-
luation de. . . .   7600 [1].
⎫
La section *B*. de.   9320.
La section *C*. de. 15680. 40,000 liv.
La section *D*. de.   7400.
⎭

Le total se trouvant conforme à celui des évaluations, en formera la preuve, et l'on sera assuré que le dépouillement aura été exactement fait sur la Matrice de rôle, et qu'aucun objet de propriété n'aura été oublié.

Cette Matrice de rôle ainsi formée, il ne sera pas nécessaire que les Offi-

ciers municipaux remplissent la colonne
de la contribution à chaque article, il
suffira qu'ils prennent le délibéré qui
devra être porté à la fin de la Matrice
de rôle. (*Voyez le Modèle*, N.º 7).

Lorsque la Matrice de rôle sera ainsi
complette, les Officiers municipaux en
conserveront une copie qui sera déposée
au secrétariat de la municipalité, et une
seconde sera par eux envoyée au Directoire du District.

Le surplus du travail, qui consiste
dans l'expédition, l'arrêté et l'envoi des
rôles en recouvrement, sera suivi par
les Administrateurs des Directoires de
District.

A cet effet, les Directoires de District et le Directoire de Département,
établiront chacun un Bureau qui sera
spécialement chargé de tous les calcul,
états, tableaux, expéditions, et autres
opérations relatives à la transcription
des rôles, et à tout ce qui tient à la
répartition.

A mesure que les Matrices de rôles
pour la Contribution foncière de 1791
seront envoyées par les Municipalités, les

Directoires de District auront deux opérations à faire :

La première, d'additionner la colonne d'évaluation, pour s'assurer si le total en est exact ;

La seconde, de vérifier si par le délibéré porté à la fin de la Matrice de rôle, la Municipalité aura exactement déterminé combien de sous et deniers pour livre du montant de l'évaluation des revenus de la Communauté, doivent être perçus pour remplir la somme demandée par le mandement.

Après cet examen, le premier travail à exécuter dans le Bureau, sera de faire l'application du marc la livre, à chacun des articles de la Matrice de rôle, dans la colonne réservée à cet effet.

La Matrice de rôle étant ainsi complétée, le Directoire du District portera au bas le délibéré suivant.

Approuvé pour servir de minute à l'expédition du rôle de la Contribution foncière à rendre exécutoire pour 1791. Fait à   ce   1790.

Alors le Rôle sera sur le champ expédié dans le Bureau de la Contribution,

conformément au modèle ci-joint, coté
(N.º 8).

Ce Rôle sera ensuite présenté par le
Procureur - syndic à la vérification du
Directoire de District ; et après qu'il
aura été rendu exécutoire dans la forme
indiquée au même modèle (N.º 8), il
sera remis par le Procureur - syndic au
Receveur - trésorier du District, lequel
se chargera de le faire parvenir, par la
voie la plus prompte et la plus sûre,
à chaque Municipalité qui remettra ce
rôle entre les mains du percepteur,
lequel en donnera sa reconnoissance.

Lorsque les rôles de la Contribution
foncière de tout le District auront été
rendus exécutoires, le Procureur-syndic
fera former un bordereau qui contiendra
le nom de chacune des Municipalités et
le montant de leurs rôles.

Ce bordereau sera arrêté et signée par
les administrateurs de Directoire de District, et envoyé double au Receveur-
trésorier qui gardera par devers lui une
des expéditions, et renverra l'autre au
Directoire, après y avoir porté sa sou-

mission de compter de la totalité de la somme, dans les délais prescrits.

Enfin, une troisième expédition de ce bordereau sera adressée par le Directaire du District au Directoire du Département.

TITRE III.

Des Exceptions.

Par l'article I.er du titre I.er, il est décrété que la cotisation, à raison du revenu net, recevra quelques exceptions pour l'intérêt de l'Agricultnre; mais ce ne sera jamais par une exemption totale de contribution: car toutes les terres, mêmes les plus stériles et les plus délaissées, doivent en supporter une.

Conformément à l'article I.er du titre III, *les marais, les terres vaines et vagues seront assujettis à la Contribution foncière, quelque modique que soit leur produit.*

Quelque peu avantageuses que soient ces propriétés, elles doivent contribuer à l'entretien de la force publique, qui en assure la jouissance et la conservation à leurs possesseurs; mais comme le pro-

duit des marécages et terres en friche
peut être très-modique , il est décrété
par l'article II , *que la taxe qui sera
établie sur ces terrains , pourra n'être
que de trois deniers par arpent , mesure
d'ordonnance.* Ainsi cette taxe de trois
deniers par arpent , mesure d'ordonnance,
sera toujours la moindre à laquelle seront
cotisés les terrains les plus stériles.

Lorque les marais et terres vaines et
vagues donnent un produit un peu considérable , ne fût-ce que pour le paturage
des bestiaux pendant une partie de l'année , leur cotisation doit être faite d'après
les mêmes règles et les mêmes proportions que celles suivies pour les propriétés.

L'on entend par arpent , mesure d'ordonnance , souvent aussi appelé *arpent
de roi* , la mesure prescrite par les Ordonnances des Eaux et Forêts : cette mesure étant la plus généralement connue,
l'Assemblée l'a préféré à toutes les
autres , en attendant l'établissement d'une
mesure uniforme dont elle s'occupe.

Cet arpent est divisé en cent perches
de vingt-deux pieds chacune , ainsi chaque perche contient en superficie 484

pieds

pieds carrés, et l'arpent contient 48,400 pieds carrés ou 1,344 $\frac{4}{9}$ toises carrées, la toise de six pieds et le pied de douze pouces. D'après ces détails, les Corps administratifs formeront et adresseront aux Municipalités un tableau de réduction, qui fera connoître la proportion existante entre leurs mesures locales et l'arpent, mesure d'ordonnance.

Des particuliers possesseurs de terrains stériles, ou dont ils ne peuvent tirer de produit particulier, pourroient vouloir n'acquitter aucune contribution pour des biens qui ne sont pour eux d'aucune valeur, et qu'ils n'ont aucun intérêt à conserver. Il a donc fallu prévoir ce cas; et l'article III leur donne le moyen de se libérer de la contribution, en faisant abandon de leur propriété à la Communauté. Il est conçu en ces termes : *Les particuliers ne pourront s'affranchir de la contribution à laquelle leurs marais, terres vaines et vagues devroient être soumis, qu'en renonçant à ces propriétés au profit de la Communauté dans le territoire de laquelle ces terrains sont situés.*

F,

La déclaration détaillée de cet aban-
don perpétuel sera faite par écrit au
secrétariat de la Municipalité, par le
propriétaire ou par un fondé de pouvoir
spécial.

Les cotisations des objets ainsi aban-
donnés dans les rôles faits antérieure-
ment à la cession, resteront à la charge
de l'ancien propriétaire.

La déclaration détaillée de cet abandon
perpétuel étant une véritable aliénation,
elle ne peut être faite que par le véritable
propriétaire, ou par un fondé de pouvoir
spécial ; ainsi les mineurs, les tuteurs,
curateurs, administrateurs, usufruitiers,
n'ont droit de le faire qu'en remplissant
les formalités exigées pour l'aliénation des
biens en valeur.

Après avoir fait régulièrement cet
abandon perpétuel, le propriétaire sera
cependant tenu d'acquitter les sommes
auxquelles ces terrains délaissés par lui,
auroient été taxés dans les rôles faits antérieurement à sa cession. Cette clause
ne peut gêner en rien la disposition qu'il
voudroit en faire par vente ou par cession,
à d'autres particuliers qui acquitteroient
les contributions.

Les Officiers municipaux et Commissaires-adjoints doivent , en taxant ces
terrains peu productifs, faire attention
que c'est plutôt par respect pour le principe , *que toute propriété foncière doit
supporter la contribution* , que pour
augmenter la masse des matières imposables ; aussi doivent-ils faire ces évaluations de manière qu'aucune surtaxe n'en-
gage les particuliers à faire ces cessions
aux Communautés, ou les oblige à former
des demandes en modération aux Corps
administratifs qui doivent par leur surveillance empêcher que le desir d'augmenter les terrains communaux, ne fasse
commettre quelque injustice à l'égard
des propriétaires des terrains qui ne sont
pas en valeur.

L'article IV porte, *que la taxe des
marais , terres vaines et vagues, situés
dans l'étendue du territoire d'une Communauté, qui n'ont ou aucun propriétaire particulier, sera supportée par la
Communauté, et acquittée ainsi qu'il
sera réglé pour les autres cotisations
de biens communaux.*

Ainsi tous les terrains qui n'ont main-

E 2

tenant aucun propriétaire particulier, ou qui seroient délaissés par la suite, conformément à l'article précédent, seront cotisés sur le rôle de la Contribution foncière de chaque communauté, ou proportionnellement à leur produit, s'ils en donnent un susceptible d'évaluation, ou à trois deniers l'arpent, quelle que soit la valeur de ces terrains.

Si les Communautés possèdent d'autres biens, tels que bois, terres labourables, pâturages, plantations, dans les rues, places, etc., l'évaluation de toutes ces propriétés sera reunie en une seule cotte sur chaque rôle, et le montant de la contribution sera ensuite réparti sur les Contribuables et acquitté par eux, ainsi qu'il sera décrété incessamment.

Le desséchement des marais exigeant souvent de grandes dépenses, donnant par conséquent des moyens de subsistance à beaucoup d'ouvriers, et procurant l'avantage de rendre l'air plus salubre, et d'augmenter les productions territoriales, il est nécessaire d'encourager ces diverses entreprises, et de n'augmenter la contribution que ces ma-

récages supportoient avant leur desséchement, qu'après un assez long espace
de temps, pendant lequel le propriétaire
aura pu être amplement indemnisé des
avances toujours hasardées qu'il aura été
obligé de faire ; aussi l'article V dit-il,
qu'à *l'avenir la cotisation des marais
qui seront desséchés, ne pourra être
augmentée pendant les vingt-cinq premières années après leur desséchement.*

Pendant vingt - cinq années après le
desséchement, ces propriétés ne payeront que la somme modique et propor-
tionnée à leur produit actuel, à laquelle
elles auront été taxées avant leur amélioration ; mais ce seroit abuser de cet
encouragement que de regarder comme
marécages, des prairies qui donnent
maintenant des foins, ou servent de pâturages, et dont quelques fossés peuvent augmenter beaucoup la valeur. L'on
ne doit entendre par marais que les terrains qui, étant couverts d'eau la majeure partie de l'année, ne donnent
presque aucun produit, et que l'on ne
peut dessécher qu'en construisant des
ouvrages d'art, ou lorsqu'il faut sacri-

fier des moulins pour y parvenir, soit qu'on les achette, ou que l'on en ait été auparavant le propriétaire.

Conformément à l'article VI, *la coti-sation des terres vaines et vagues de-puis vingt-cinq ans, et qui seront mi-ses en culture, ne pourra de même être augmentée pendant les quinze premières années après leur défrichement.*

L'on n'entend point par *terres vaines et vagues*, celles qui sont en friche de-puis dix ou quinze ans, temps pendant lequel, dans des pays peu fertiles, on laisse reposer les terres, ni celles char-gées de quelques productions en bois, mais seulement celles qui depuis vingt-cinq années n'ayant donné aucune récolte, pourroient être défrichées, conformé-ment aux Édits de 1764, et autres sui-vans, sur les desséchemens et défriche-mens, avec cette seule différence que par ces loix antérieures, il falloit que ces terrains eussent été incultes depuis qua-rante ans, et que par l'article ci-dessus, il suffit, pour qu'ils soient regar-dés comme terres vaines et vagues, qu'ils ayent été en friche depuis vingt-cinq années seulement. Ainsi , les quinze premières années du défrichement , ces terrains seront taxés à la même somme qu'ils supportoient lorsqu'ils n'étoient point en valeur.

Les terres plantées en bois étant long-temps sans donner de produits , tandis que celles défrichées et semées en grains peuvent en donner dès la première année, il a été nécessaire d'accorder une *non-augmentation* de contribution plus prolongée , aux terrains qui étant également incultes depuis vingt-cinq ans , seroient plantés ou semés en bois , de quelque espèce qu'ils fussent ; et l'art. VII leur accorde cet avantage pendant trente années.

Cet article porte : *La cotisation des terres en friche qui seront plantées ou semées en bois , ne pourra non plus être augmentée pendant les trente premières années du semis ou de la plantation.*

Les vignes et les arbres fruitiers ne donnant aussi des productions qu'au bout de plusieurs années , mais cependant plutôt que les terres semées ou plantées en

E 4

bois, les dispositions de l'article VIII
donnent pour ce genre de plantation une
non-augmentation moins prolongée ; *La
cotisation des terrains en friche, depuis vingt-cinq ans, et qui seront plantés en vignes, mûriers ou autres arbres
fruitiers, ne pourra être augmentée les
vingt premières années.*

Conformément aux articles V, VI,
VII et VIII, les marécages et terres
vaines et vagues, qui auront été, par
exemple, taxés à un sou par arpent,
continueront à ne payer, pendant le
nombre d'années fixé pour chaque espèce
d'amélioration, qu'un sou par arpent,
soit que, pendant ce temps, la somme
de Contribution foncière à supporter par
la Communauté, soit augmentée ou diminuée.

Lorsque des terrains maintenant en valeur seront semés ou plantés en bois, ils
jouiront seulement de l'avantage de n'être,
pendant les trente premières années,
évalués qu'au même taux des terres d'é-
gale valeur ; et non plantées, conformément à l'article X, qui porte : *Les
terrains maintenant en valeur, et qui*

seront plantés ou semés en bois, ne seront, pendant les trente premières années, évaluées qu'au même taux des terres d'égale valeur, et non plantées.

Les terrains également en valeur et plantés en vignes, mûriers, ou autres arbres fruitiers, jouiront du même avantage, mais pendant quinze années seulement, conformément à l'article IX qui porte : *Les terrains déjà en valeur, et qui seront plantés en vignes, mûriers, ou autres arbres fruitiers, ne seront pendant les quinze premières années, évalués qu'au même taux des terres d'égale valeur, et non plantées.*

A l'égard des encouragemens accordés en faveur des plantations, il faut observer qu'ils ne s'étendent qu'aux terrains complétement plantés, et non à ceux dont la majeure partie ne le seroit point; ainsi, conformément aux articles IX et X, la cotisation des terres en culture, sur lesquelles on aura fait des plantations, ne sera point fixe pendant ce temps, comme celles des terres en friche ou couvertes d'eau, et qui auroient été rendues plus productives.

E 5

Mais leur revenu, pendant les quinze ou trente premières années, sera évalué au même taux que les terrains dont la valeur n'est pas accrue par des plantations ; ainsi, la cotisation de ces propriétés pourra, comme celle des biens de la même qualité, mais non plantés, éprouver les augmentations ou diminutions de contribution que supportera la Communauté dans laquelle ils sont situés.

Par exemple, lorsque de vingt arpens de terre d'égale qualité, produisant maintenant des avoines de temps en temps, et qui d'après leur évaluation seroient cotisés à dix sous de contribution par arpent, dix de ces arpens seroient plantés, pendant les trente années suivantes, ces dix arpens seroient évalués au même taux que les dix qui continueroient à produire des avoines. Mais si, par l'augmentation de contribution de la Communauté, ces dix derniers étoient taxés à douze sous l'arpent, ceux plantés le seront à la même somme ; et, de même, si par la diminution de la somme de la contribution de la Communauté, les dix arpens qui produisent des avoines, ne sont

taxés qu'à huit sous par arpent, les dix
plantés seront de même taxés à huit sous.

Les articles XI et XII prescrivent les
formalités à observer pour jouir de ces divers encouragemens : ils portent, savoir,
l'article XI : *Pour jouir de ces divers
avantages, le propriétaire sera tenu de
faire, au secrétariat, de la Municipalité et à celui du District dans l'étendue desquels les biens sont situés, et
avant de commencer les desséchemens,
défrichemens ou autres améliorations,
une déclaration détaillée des terrains
qu'il voudra ainsi améliorer.*

L'article XII : *Cette déclaration sera
inscrite sur les registres de la Municipalité, qui sera tenue de faire la
visite des terrains desséchés, défrichés
et améliorés, et d'en dresser procès-
verbal, dont elle fera passer une expédition au Directoire de son District,
qui en tiendra aussi registre. A la
première réquisition du déclarant, le
Secrétaire du District lui en délivrera,
sans frais, une copie visée des membres du Directoire.*

Afin que la municipalité puisse être

E 6

régulièrement et utilement avertie des travaux entrepris, il est nécessaire de faire, à son sécrétariat, la déclaration prescrite, avant que les ouvrages soient commencés, afin qu'elle puisse constater l'état du terrain.

Cette déclaration détaillée des terrains à défricher, dessécher ou planter, servira d'époque pour l'exception au taux de la contribution qui datera du 1.ᵉʳ Janvier suivant.

Les Officiers municipaux enregistreront les déclarations, et nommeront parmi eux des Commissaires pour faire la visite de ces terrains, et en dresser un procès-verbal qui sera transcrit sur les registres de la Municipalité, et dont il sera envoyé une expédition au Directoire du District qui en tiendra aussi registre.

La copie de ce procès-verbal, délivrée *gratis* par le Greffier, et visée des membres du Directoire, servira de titre au déclarant.

L'article XIII porte, que *les terrains précédemment desséchés, et qui, conformément à l'Edit de 1764 et autres, sur les défrichemens et desséchemens, jouissoient de l'exemption d'impôt, ne seront taxés qu'à raison d'un sou par arpent, mesure d'ordonnance, jusqu'au temps où l'exemption d'impôt devoit cesser.*

Il n'y a donc que les propriétés pour lesquelles on s'est conformé aux dispositions de l'Édit de 1764 et autres, sur les défrichemens et desséchemens, qui doivent jouir de la faveur de n'être cotisées annuellement qu'à raison d'un sou par arpent, mesure d'ordonnance, mais seulement pendant le temps qu'elles doivent être exemptes de tout impôt.

Dans quelques Communautés l'on a mal-à-propos considéré, pour l'imposition des six derniers mois de 1789 et pour celle de 1790, comme des priviléges abolis avec tous les autres, l'exemption d'impôt accordée pour un temps limité aux terrains qui en jouissoient sur la foi des loix relatives aux desséchemens et défrichemens. Cet encouragement donné aux travaux utiles, étant une convention faite avec les personnes qui, en les exécutant, ont bien servi leur patrie, on doit la respecter, et non pas la regarder comme un privilége aboli; et ce n'est que parce que à la taille, à ses accessoires, à la capitation et aux vingtièmes, l'on réuni dans la Contribution foncière, des parties de gabelles, droits sur les cuirs, les amidons, les fers, etc. droits que payoient les propriétaires des terrains défrichés et desséchés, que l'Assemblée a cru juste de taxer à un sou par an, jusqu'au temps où expireroit leur exemption, chacun de ces arpens améliorés.

Ainsi les particuliers qui ont été imposés pour ces objets en 1789 et 1790, lorsqu'ils devoient jouir de l'exemption totale de contribution, conformément aux loix sur les desséchemens et défrichemens, peuvent demander aux Corps administratifs la décharge de leur cotisation pour ces biens, et le remboursement des sommes qu'ils auroient déjà payées; et les Assemblées administratives ordonneront ces décharges et remboursemens.

Afin d'empêcher qu'aucun particulier ne jouisse au-delà du temps fixé par la loi, de la non-augmentation de contribution foncière, il est dit par l'art. XIV, que *sur chaque rôle de la Contribution foncière, à l'article de chacune des propriétés qui jouissent ou jouiront de ces divers avantages donnés pour l'encouragement de l'agriculture, il sera fait mention de l'année où ces biens doivent cesser d'en jouir.*

Ainsi, en notant soigneusement, chaque année, à l'article de la propriété qui jouit de quelque immunité, l'époque à laquelle cet avantage doit cesser, il ne sera point impossible de l'étendre au-delà, et il n'y aura aucune difficulté entre le Contribuable et les Officiers municipaux.

Lorsque le temps fixé pour ces modérations de contribution sera expiré, les biens qui en auront joui, seront ensuite évalués et cotisés d'après les mêmes règles, et dans les mêmes proportions que les autres biens de la Communauté qui sont depuis long-temps en valeur.

La présente Instruction n'embrassera pas les titres IV et V du Décret, qui

traitent, l'un des décharges et modérations, l'autre de la perception et du
recouvrement, parce que ces dispositions
ne sont pas d'une exécution prochaine,
et que l'Assemblée Nationale se propose
d'y donner les développemens nécessaires, lorsqu'elle aura statué sur toutes
celles qui doivent compléter le travail de
le Contribution foncière de 1791. C'est
lorsqu'elle aura pu en décréter la somme,
et la répartir entre les Départemens,
qu'elle achèvera cet ouvrage ; le terme
n'en est pas éloigné, puisqu'elle s'occupe
avec assiduité à déterminer le montant
et la distribution des dépenses publiques,
les moyens de liquidation pour la dette,
et à déterminer aussi les divers genres
de contributions et de droits, qui doivent concourir avec la Contribution foncière, à mettre le Trésor public en état
d'acquitter les dépenses.

Le peuple, instruit de ses principes
de justice et d'économie, attendra donc
ces déterminations avec confiance, et
sera convaincu que si l'État embarrassé
des finances publiques, fruit de l'ancien
gouvernement, nécessite encore pour

quelques années, des contributions fortes, elles seront exactement proportionnées aux besoins indispensables ; elles seront moindres dans leur ensemble que les années précédentes ; que sur-tout les contribuables qui ne jouissoient d'aucuns privilèges, éprouveront une diminution effective ; et qu'enfin soulagés sur la somme des contributions, ils le seront encore par le régime plus doux et mieux combiné de celles qui seront nécessaires.

L'article XXI du titre II du Décret porte, que *les Administrations de Département et de District surveilleront et presseront avec la plus grande activité les opérations ci-dessus prescrites aux Municipalités :* ces dernières s'y porteront sûrement avec zèle ; et si quelques explications leur sont nécessaires, c'est aux Corps administratifs à les leur donner, sauf aux administrations de Département, s'il survenoit des questions embarrassantes, à s'adresser à l'Assemblée Nationale.

Indépendamment de cette surveillance, les Corps administratifs auront encore un travail important, qui les

concerne particulièrement et qu'ils doivent préparer, celui de la répartition ;
savoir, pour les administrations de Département entre les Districts, et pour
les administrations de District entre les
les Munipalités de leur arrondissement;
elles doivent chacune recueillir les lumières nécessaires pour l'opérer, aussitôt
que leur portion contributive leur sera
assignée ; et quoique la somme n'en soit
pas encore connue, elles peuvent en
prendre une fictive, celle de leurs vingt-
tièmes, par exemple, et opérer sur cette
somme supposée, à laquelle elles n'auront plus qu'à substituer les sommes
effectives. Ainsi, l'ouvrage bien préparé
se terminera promptement, et la France
recueillera, dès la première année de
sa Constitution nouvelle, le fruit heureux des loix sages qui, confiant aux
mandataires du peuple l'opération im-
portante de l'assiette et de la répartition
des contributions publiques, assureront
de plus en plus la liberté qu'il a conquise
par ses lumières et son courage.

Décret du 23 Novembre 1790.

L'ASSEMBLÉE NATIONALE approuve l'Instruction et les modèles qui y sont mentionnés et annexés, et décrète qu'ils seront suivis et exécutés selon leur forme et teneur, comme le Décret des 20, 22 et 23 novembre présent mois.

Nous avons accepté, et par ces présentes signées de notre main, acceptons les présens Décrets des 20, 22 et 23 novembre 1790. Mandons et ordonnons à tous les Tribunaux, Corps administratifs et Municipalités, que les présentes ils fassent transcrire sur leurs registres, lire, publier et afficher dans leurs Ressorts respectifs, et exécuter comme Loi du Royaume. En foi de quoi Nous avons signé et fait contresigner cesdites présentes, auxquelles Nous avons fait apposer le Sceau de l'État. A Paris, le premier jour du mois de décembre, l'an de grâce mil sept cent quatre-vingt-dix, et de notre règne le dix-septième. *Signé* LOUIS. *Et plus bas,* M. L. F. DUPORT. Et scellées du Sceau de l'État.

(*Les modèles et tableaux cités dans*

cette instruction, n'ont pas paru devoir être insérés ici, soit à cause du format, soit parce qu'étant habituellement dans les mains des personnes chargées de la confection des rôles ou de la perception, ils sont suffisamment connus de tous ceux auxquels ils peuvent être nécessaires.)

L O I

DU 10 DÉCEMBRE 1790,

Qui affranchit de toutes contributions les Rentes dues par l'État.

LOUIS, par la grâce de Dieu, etc.

Décret de l'Assemblée Nationale, du 4 Décembre 1790.

L'ASSEMBLÉE NATIONALE se référant à ses Décrets en date des 17 juin, 28 août et 7 octobre, qui consacrent ses principes invariables sur la foi publique, et à l'intention qu'elle a toujours manifestée de faire contribuer les créanciers de l'État, comme citoyens, dans l'Impôt

personnel en proportion de toutes leurs
facultés, déclare qu'il n'y a pas lieu à
délibérer sur la motion qui lui a été pré-
sentée, tendante à établir une imposition
particulière sur les Rentes dues par l'État.

L O I

du 25 Février 1791,

*Qui assujettit à la Contribution foncière
les Droits de péages, et autres non
supprimés par le Décret du 24 Mars
1790, les revenus des Canaux, etc.*

Louis, par la grâce de Dieu, etc.

Art. I.er Les droits de péages et autres de même nature non supprimés par
l'article XIII du Titre II du Décret concernant les droits féodaux, en date du
24 mars 1790, seront soumis à la contribution foncière, à raison de leur revenu net.

II. Le revenu net des canaux de navi-
gation, sera de même, soumis à la contribution foncière.

III. L'évaluation du revenu des canaux

qui traversent le territoire de plusieurs communautés d'un même District , sera faite par le directoire de ce District; et la contribution sera fixée par le même directoire , au taux moyen de celle qui sera supportée par les autres propriétés du District : cette fixation sera faite en même temps que le répartement de la contribution foncière entre les diverses communautés.

IV. Le revenu net des canaux qui traversent plusieurs Districts d'un même Département , sera évalué par le directoire de Département , et divisé par chaque District , en proportion de la longueur du canal sur le territoire de chacun.

V. Quant aux canaux qui traversent plusieurs Départemens , chaque directoire de Département évaluera les revenus et les charges du canal sur son territoire. Les directoires se communiqueront le résultat de leurs évaluations, et le total du revenu imposable , sera réparti en proportion de la longueur du canal sur le territoire de chacun des Districts.

VI. Seront compris dans l'évaluation

des revenus et des charges du canal, les ouvrages d'art, les réserves d'eau, les chemins de hallage et les berges et fremgbords qui ne produisent aucuns fruits.

VII. Les moulins et autres usines, fabriques, construits sur les canaux, les plantations et autres natures de biens qui avoisinent les canaux et appartiennent aux mêmes propriétaires, ne seront point compris dans l'évaluation générale du revenu du canal, mais seront soumis à toutes les regles fixées pour les autres biens fonds.

VIII. Les propriétaires de canaux seront tenus, dans le délai de quinze jours après la publication du présent Décret, de faire aux secrétariats de Districts ou de Département qui devront faire des évaluations, une déclaration détaillée de la totalité des revenus et charges de leur canal.

IX. Les directoires de Département décideront en dernier ressort, les contestations relatives à l'évaluation faite par les directoires de Districts.

X. Les conseils généraux de Département décideront également en dernier ressort, des contestations relatives aux évaluations faites par le directoire de Département : dans ce cas, les membres du directoire n'assisteront point à la délibération.

XI. La contribution foncière supportée par les canaux dans chaque District, sera payée directement au trésorier du District.

LOI

DU 10 AVRIL 1791,

Qui règle les obligations des Fermiers envers les Propriétaires, relativement à la dîme, aux vingtièmes, capitation, taille et autres contributions dont ils pouvoient être tenus.

Louis, par la grâce de Dieu, etc.

Décret du 11 Mars 1791.

ART. I.er La valeur de la dîme de chaque fermage étant une fois fixée à l'amiable ou à dire d'experts, le Fermier, jusqu'à l'expiration de son bail, en
payera

payera le montant chaque année au Propriétaire, en argent, aux mêmes époques et dans la même proportion que le prix des fermages.

II. Aux mêmes époques, le Fermier payera de plus chaque année, jusqu'à l'expiration de son bail, aux Propriétaires ou Possesseurs, une somme égale à celle des taille, accessoires, capitation taillable, fouages, impositions équivalentes et contribution pour les chemins, auxquelles il aura été personnellement cotisé sur les rôles de 1790, à raison de chaque fermage.

III. Les Fermiers, Sous-fermiers, Métayers ou Colons, qui par leurs baux étoient expressément assujettis à l'acquitement des vingtièmes, tiendront compte chaque année au Propriétaire, d'une somme égale à celle que le bien afferme a dû acquitter en 1790 pour cet objet. Ils en feront les payemens aux mêmes époques que celles ci-dessus fixées.

IV. Les Fermiers, Sous-fermiers, Métayers et Colons ne pourront être assujettis à aucune autre indemnité,

F

soit à raison des anciennes impositions
dont ils étoient tenus personnellement,
soit à raison de celles qui seront désor-
mais à la charge des propriétaires qui
doivent acquitter la contribution foncière,
quelles que soient les clauses qui ayent
pu être insérées dans les baux passés
avant la publication du Décret des 20,
22 et 23 novembre 1790.

V. Les Sous-fermiers, Métayers et
Colons tiendront compte au Fermier des
impositions et de la dîme, suivant les
règles prescrites par les articles précédens ; et le fermier tiendra compte au
Propriétaire de toutes les sommes qu'il
aura droit de recevoir d'eux pour cette
indemnité.

VI. Les Propriétaires qui ont passé
des baux après la promulgation du Décret du 14 avril dernier, ne pourront
réclamer de leurs Fermiers, Sous-fer-
miere, Métayers ou Colons, la valeur
de la dîme, à moins que ce ne soit
une clause expresse du bail.

VII. Les Fermiers, Sous-fermiers,
Métayers ou Colons dont les baux ont
été passés depuis la publication du Dé-

cret sur la contribution foncière des 20,
22 et 23 novembre dernier, ne tiendront
compte au propriétaire d'aucune portion
de cette contribution, ni des sous pour
livre répartis au marc la livre, à moins
que ce ne soit une clause expresse du
bail.

VIII. Les Colons ou Métayers qui
partagent les fruits récoltés avec le Propriétaire, Fermier ou Sous-fermier, leur
tiendront compte, conformément aux
articles précédens, de la valeur de la
dîme en proportion de la quotité de
fruits qui leur appartient, et du montant
des impositions auxquelles ils ont été
cotisés en 1790, à raison de leur exploitation.

IX. Tout Propriétaire qui voudra former une demande en justice pour le
payement des sommes dont son Fermier
devra lui tenir compte, tant à raison de
la dîme que des impositions, réduira
l'objet de sa demande en somme déterminée, et cependant il nommera dans
son acte l'Expert dont il entend faire
choix pour procéder à une nouvelle éva-

luation , dans le cas où la sienne seroit contestée ;

Et ce cas arrivant, les frais de l'expertise seront supportés , savoir ; par le Propriétaire , si son évaluation est jugée trop forte , et par le Fermier , si elle est jugée juste.

X. Lorsque le Propriétaire n'aura point formé de demande , le Fermier pourra faire offre , par acte extrajudiciaire , d'une somme déterminée pour la valeur de la dîme et le montant d'imposition dont il doit tenir compte , en désignant néanmoins l'Expert dont il entend faire choix pour procéder à une nouvelle évaluation , au cas où la sienne seroit contestée. Si son offre est refusée et jugée insuffisante , les frais d'expertise seront à sa charge ; et dans le cas contraire , ils seront payés par le Propriétaire.

XI. Lorsque la valeur de la dîme et le remplacement des anciennes impositions , qui étoient à la charge du Fermier , seront dûs à un Propriétaire pour raison d'un même fermage , la demande ou l'offre comprendront les deux objets.

XII. Les Tuteurs, Curateurs et autres
Administrateurs pourront traiter de gré
à gré avec les Fermiers ou Colons,
former des demandes, et accepter les
offres qui leur seront faites.

L O I

DU 10 JUIN 1791,

*Relative aux Retenues à faire sur les
rentes ci-devant seigneuriales, foncières, perpétuelles ou viagères.*

Louis, par la grâce de Dieu, etc.

Décret du 7 Juin 1791.

ART. I.er Les débiteurs autorisés par
les articles VI et VII du titre II de
la Loi du I.er décembre 1790, à faire
une retenue sur les rentes ci-devant
seigneuriales ou foncières, sur les intérêts ou rentes perpétuelles, constituées
avant la publication de ladite Loi, soit
en argent, soit en denrées, et de prestations en quotité de fruits à raison de
la contribution foncière, la feront au

F 3

cinquième du montant desdites rentes ou prestations pour l'année 1791, et pour tout le temps pendant lequel la contribution foncière restera dans les proportions fixées pour ladite année, sans préjudice de l'exécution des baux à rentes ou autres contrats faits sous la condition de la non-retenue des impositions royales.

II. Quant aux rentes ou pensions viagères non stipulées exemptes de la retenue, les débiteurs la feront aussi au cinquième, mais seulement sur le revenu que le capital, s'il est connu, produiroit an denier vingt; et dans le cas où le capital ne seroit pas connu, la retenue ne se fera qu'au dixième du montant de la rente ou pension viagère, conformément à l'article VIII de la Loi du I.er décembre 1790. Ces proportions demeureront les mêmes pour tout le temps déterminé par l'article précédent.

III. Le débiteur fera la retenue au moment où il acquittera la rente ou prestation; elle sera faite en argent sur celles en argent, et en nature sur les

rentes en denrées, et sur les prestations
en quotité de fruits.

L O I

DU 20 JUILLET 1791,

*Relative à l'évaluation des Bois et
Forêts et des Tourbières.*

Louis, par la grâce de Dieu, etc.

Décret des 12 et 13 Juillet 1791.

ART. I.er Tous les bois au-dessous de
l'âge de trente ans seront réputés taillis,
et seront évalués et cotisés conformément
aux dispositions des articles XVIII et
XIX de la Loi du 1.er décembre 1790.

II. Les bois actuellement existans et
âgés de plus de trente ans, seront
estimés à leur valeur actuelle, et cotisés,
jusqu'à leur exploitation, comme s'ils
produisoient un revenu égal à deux et
demi pour cent de cette valeur.

III. A l'avenir, lorsqu'un bois attein-
dra l'âge de trente ans sans être amé-
nagé en coupes réglées, il sera estimé à
sa valeur, et cotisé, jusqu'à son exploi-

tation , sur le pied d'un revenu égal à deux et demi pour cent de cette valeur.

IV. L'évaluation du revenu des forêts en futaies aménagées en coupes réglées , lorsqu'elles s'étendront sur le territoire de plusieurs communautés d'un même district , sera faite par le Directoire du district , et le revenu sera porté aux rôles de chaque communauté , en proportion du nombre d'arpens qui sont sur son territoire.

V. L'évaluation des forêts en futaies aménagées en coupes réglées, lorsqu'elles s'étendront sur le territoire de plusieurs districts d'un même département , sera faite par le Directoire du département et le revenu porté aux rôles de chaque communauté , en proportion du nombre d'arpens qui sont sur son territoire.

VI. Le revenu des forêts qui s'étendront sur plusieurs départemens , sera évalué séparément dans chaque département.

VII. Lorsqu'un terrain sera exploité en tourbière, on évaluera , pendant les dix années qui suivront le commencement du tourbage, son revenu au double de la somme à laquelle il étoit évalué l'année précédente.

VIII. Il sera fait note, sur chaque rôle, de l'année où doit finir ce doublement d'évaluation. Après ces dix années, ces terrains seront cotisés comme les autres propriétés.

L O I

DU 28 AOUT 1791,

Relative aux décharges et réductions sur la Contribution foncière.

LOUIS, par la grâce de Dieu, etc.

Décret des 4 et 21 Août 1791.

ART. I.er Les administrations de Départemens et de Districts, ainsi que les Municipalités, ne pourront, sous aucun prétexte, ce, sous peine de forfaiture, se dispenser de répartir la portion contributive qui leur aura été assignée dans la Contribution foncière, savoir, aux Départemens, par un Décret de l'Assemblée Nationale, ou des Assemblées

Nationales législatives ; aux Districts ,
par la commission de l'administration de
Département , et aux Municipalités , par
le mandement de l'administration de
District.

II. Aucun Département, aucun District , aucune Municipalité , ni aucuns
contribuables ne pourront, sous aucun
prétexte , même de réclamation contre
la répartition , se dispenser de payer la
portion contributive qui leur aura été
assignée , sauf à faire valoir leurs réclamations selon les règles ci-après prescrites.

Des demandes formées par les propriétaires ou possesseurs.

III. Toutes les fois qu'une propriété
aura été cotisée sous un autre nom que
celui du véritable possesseur, la Municipalité sera autorisée à accorder la décharge et ordonner *la mutation de cotte*,
sinon la réclamation sera sdressée au
Directoire de District , comme toutes
les autres demandes relatives aux Contributions directes ; mais le réclamant ne
sera pas tenu de justifier avoir payé d'à-

compte, et le Directoire de District, après la vérification des faits, délivrera une ordonnance de mutation, pour laquelle il sera dit que la cotte, mal à propos portée dans le rôle sous le nom du réclamant, sera acquittée par le véritable propriétaire.

IV. Lorsque, par erreur, une propriété aura été cotisée dans deux communautés, la réclamation contre ce *double emploi* sera faite au Directoire de District dans la même forme, et sans qu'il soit besoin de justifier d'un payement d'à-compte dans les deux communautés, mais dans une seulement. Le Directoire de District, d'après la vérification des faits, ordonnera, au profit du réclamant, la décharge de la cotte portée au rôle de la communauté dans laquelle les biens ne sont pas situés.

V. Tout propriétaire ou possesseur qui voudra former une demande en *réduction*, l'adressera au Directoire du District dans l'arrondissement duquel seront situés les biens qu'il prétendra être surtaxés.

VI. Cette demande ne pourra être admise si elle n'est formée dans les trois
mois qui suivront la publication du rôle
de la Contribution foncière dans la communauté, et si le réclamant ne justifie
avoir payé les termes de sa cotisation
échus au jour où la demande sera formée

Tout contribuable qui réclamera un
réduction, sera tenu de joindre à sa de
mande, 1.º un extrait de la matrice d
rôle de sa communauté, contenant, pa
section et numéro, le détail de tous le
biens-fonds à lui appartenans sur le ter
ritoire de la communauté, et l'évalua
tion de leur revenu net, porté da
ladite matrice de rôle ; 2º. une décl
ration du revenu auquel il évaluera lu
même chaque article de ses biens-fond

VIII. Le Directoire du District fe
enregistrer par extrait au secrétariat, s
un registre d'ordre, tous les mémoir
en réductions qui lui seront adressé
après avoir fait constater si toutes l
formalités prescrites par les articles
VI et VII ont été observées par le récl
mant, et renverra ensuite, dans la h
tain

taine , chaque mémoire à la Municipalité de la situation des biens.

IX. A la réception du mémoire , le Conseil général de la commune sera convoqué , et sera tenu de délibérer dans la huitaine, au plus tard , si la demande lui paroît fondée ou non , en exprimant, sur chaque article , dans le cas de l'affirmative , à quelle somme la réduction lui paroîtra devoir être réglée.

X. Le Procureur de la commune renverra, dans la huitaine suivante , le mémoire et les pièces y jointes, avec une expédition de la délibération, au Directoire de District.

XI. Lorsque le Conseil général de la commune aura reconnu que la réclamation est juste, le Directoire du District prononcera la réduction demandée.

XII. Lorsque le Conseil général de la commune aura délibéré que la réclamation n'est fondée qu'en partie, la délibération sera communiquée au réclamant, qui sera tenu de déclarer s'il adhère ou non à la délibération ; et , dans le cas d'adhésion, le Directoire du District prononcera la réduction qui

G

aura été délibérée par le Conseil général.

XIII. Dans le cas de refus de la part
du réclamant, ou lorsque le Conseil
général de la commune aura délibéré que
la réclamation n'est pas fondée, le Directoire du District nommera deux experts, dont un instruit dans l'arpentage,
pour procéder à une nouvelle évaluation
des biens, et au mesurage, s'il est nécessaire.

XIV. Les experts prendront, au secrétariat du District, le mémoire et les
pièces du réclamant, et la délibération
du Conseil général de la commune ; le
Directoire du District fixera, trois jours
à l'avance, celui de leur descente sur
les lieux ; il en sera donné avis à la
Municipalité et au réclamant.

XV. La Municipalité nommera deux
commissaires pour être présens aux opérations des experts, et le réclamant y
assistera par lui ou par un fondé de
pouvoir. Les commissaires et le réclamant indiqueront les biens et fourniront
les autres renseignemens qui seront demandés ; les commissaires représenteront

même la matrice de rôle de la communauté, si les experts le demandent.

XVI. Le Directoire de District prononcera dans la quinzaine après le dépôt
des procès-verbaux, et il enverra sa décision à la Municipalité qui sera tenue
de la faire publier le dimanche suivant.

XVII. La décision du Directoire de
District sera exécutée provisoirement;
et si la partie réclamante ou le Conseil
général de la commune se croit fondé à
se pourvoir devant le Directoire de Département, il y sera procédé à la discussion et à l'examen de la réclamation,
de la même manière que devant le Directoire de District.

XVIII. Aucune demande en *réclamation* ne sera reçue au Département, si
elle est formée avant le délai de quinzaine après la publication de la décision
du Directoire de District, ou si elle
n'est pas formée dans la quinzaine suivante.

XIX. Toutes les fois que, d'après la
réclamation d'un propriétaire, il aura été
procédé par experts à une évaluation,
aucun des articles ainsi réglés ne pourra

être cotisé qu'en conformité de cette évaluation, pendant les dix années suivantes, à moins qu'il ne soit fait de nouvel-
lesconstructions, ou qu'avant ce temps
il ne soit procédé à la levée du plan
du territoire de la communauté, et à
une évaluation générale de son revenu.

XX. Il sera libre à plusieurs contribuables, de se réunir et de former leur
demande en commun ; cette demande
devra être formée, instruite et décidée
conformément aux dispositions ci-dessus
prescrites.

XXI. Lorsque les demandes en réduction seront formées par un ou plusieurs contribuables, dont les cotisations
réunies excéderont le tiers du montant
du rôle de la Contribution foncière de
la communauté, et qu'il sera nécessaire
d'ordonner une vérification d'experts et
une nouvelle évaluation, le Directoire
du Département, sur l'avis du Directoire du District, ordonnera la levée du
plan du territoire de la communauté,
et nommera deux experts pour faire une
évaluation générale.

XXII. Les Directoires de Département, sur l'avis de ceux de District , pourront ordonner la levée du plan du territoire et l'évaluation du revenu d'une communauté , lorsque cette demande aura été faite par le Conseil général de la commune , même avant qu'il soit formé aucune demande en réduction.

Des demandes formées par les Communautés.

XXIII. Les demandes en réduction que formeront les communautés , ne seront admises qu'autant qu'elles seront adressées au Directoire du Département, dans les deux mois du jour où elles auront reçu le mandement , et qu'elles justifieront avoir mis les rôles en recouvrement.

XXIV. Les demandes en réduction ne pourront être faites que par délibération du Conseil général de la commune, et la délibération sera adressée avec les pièces au soutien , au Directoire de Département, qui, après vérification , la fera enregistrer sur le registre d'ordre à son secrétariat , et la renverra dans la huitaine au Directoire du District.

G 3

(114)

XXV. Le Directoire du District communiquera dans la huitaine, le mémoire et la délibération aux communautés du District non réclamantes, dont le territoire sera contigu à celui de la communauté qui aura réclamé; et, dans le cas où toutes les communautés contiguës seroient réclamantes, le Directoire en indiquera deux autres des plus voisines. Aussitôt que l'envoi sera reçu, le Conseil général de chaque commune sera convoqué, et sera tenu de délibérer, dans la quinzaine, si la réclamation lui paroît fondée ou non, et à quelle somme la réduction demandée lui paroîtra devoir être réglée.

XXVI. Les communautés pourront, avant de donner leur avis, nommer des commissaires pour visiter le territoire de la communauté réclamante, et prendre connoissance de la matrice de rôle, dont la représentation ne pourra leur être refusée.

XXVII. Les délibérations et avis des communautés contiguës à la communauté réclamante, seront adressés au Directoire du District, qui, sur le tout, donnera son avis motivé, et l'adressera au Directoire du Département.

XXVIII. Le Directoire du Département prononcera sur la réduction, d'après l'avis du Directoire de District.

XXIX. Si le Directoire du District est d'avis que la réclamation n'est fondée qu'en partie, son arrêté sera communiqué à la communauté réclamante, qui sera tenue de déclarer si elle adhère ou non, à l'arrêté; et dans le cas d'adhésion, le Directoire du Département prononcera la réduction proposée par le Directoire de District.

XXX. Dans le cas où la communauté refuseroit de faire la déclaration prescrite par l'article précédent, ou lorsque le Directoire de District aura délibéré que la réclamation n'est pas fondée, le Directoire du Département ordonnera d'abord la levée du plan de la communauté, et nommera ensuite deux experts pour procéder à une évaluation de son revenu.

XXXI. Toutes les fois que, par les corps administratifs, la levée d'un plan sera ordonnée, elle sera faite sous la surveillance de l'Ingénieur des ponts et chaussées du Département, suivant les règles qui seront prescrites.

XXXII. Les Officiers municipaux nommeront des commissaires, pour donner à celui qui sera chargé de la levée du plan, tous les renseignemens et secours nécessaires. L'original du plan sera déposé aux archives du Département, et il en sera déposé deux copies, l'une aux archives du District, l'autre à celles de la Municipalité.

XXXIII. Les experts prendront sous leur récépissé au secrétariat du Département, le plan du territoire de la communauté, et son mémoire en réclamation avec les pièces y jointes; le Directoire du Département fixera huit jours à l'avance celui de la descente sur les lieux, et en informera le Directoire de District, pour qu'il en soit donné avis à la communauté réclamante, et à celles qui l'avoisinent.

XXXIV. Le Directoire de District et la communauté réclamante nommeront chacun deux commissaires, et les communautés contiguës ou voisines chacune un, pour donner aux experts les indications et les autres renseignemens qui

(117)

seront demandés : les deux commissaires de la communauté réclamante représenteront même la matrice du rôle de leur communauté , si elle est demandée.

XXXV. Le Directoire du Département prononcera aussitôt après la remise du procès-verbal , et adressera sa décision au Directoire de District , pour la transmettre à la Municipalité , laquelle sera tenue de la faire publier le dimanche suivant.

XXXVI. Toutes les fois qu'il aura été procédé à la levée du plan d'une communauté, et à l'évaluation de son revenu, elle ne pourra être cotisée qu'en conformité de cette évaluation , pendant les quinze années suivantes , à moins qu'avant cette époque, il ne soit procédé à la levée du plan du district , et à l'évaluation générale de tous les revenus de son territoire.

Des demandes en réduction formées par les Districts.

XXXVII. Les demandes en réduction de la part des Disctricts seront formées dans l'année , et par délibération du

G 5

Conseil du District : cette délibération avec les pièces au soutien , sera adressée au Directoire du Département.

XXXVIII. Le Conseil du District justifiera que ses rôles ont été mis en recouvrement aux époques fixées par la loi , sans quoi sa réclamation ne sera pas admise.

XXXIX. La délibération portant réclamation , sera enregistrée au secrétariat du Département , dont le Directoire communiquera la demande aux Directoires des autres Districts , pour donner leur avis sur la réclamation.

XL. Les Directoires de Districts pourront , avant de donner leur avis, nommer des commissaires pour visiter le territoire du District réclamant , et prendre connoissance des matrices des rôles des communautés de ce District , lesquelles ne pourront en refuser la communication.

XLI. Les délibérations et avis des Directoires de Districts seront adressés au Directoire du Département , pour être statué sur le tout par le Conseil du Département.

XLII. Lorsque le Conseil du Dépar-

tement aura reconnu que la réclamation
est juste, il enverra sa décision aux Directoires de tous les Districts qui lui sont
subordonnés.

XLIII. Lorsque le Conseil du Départe-
tement aura délibéré que la réclamation
n'est fondée qu'en partie, il fera connoître son arrêté au Directoire du District
réclamant, qui sera tenu de déclarer
s'il adhère ou non à l'arrêté; et dans
le cas d'adhésion, l'arrêté sera publié
et aura son exécution.

XLIV. Dans le cas où le Directoire
du District réclamant refuseroit de faire
la déclaration prescrite par l'article précédent, ou lorsque le Conseil du Départe-
tement aura délibéré que la réclamation
n'est pas fondée, le Conseil du Départe-
tement, dans une séance publique, fera
tirer au sort une communauté par chaque
canton du District réclamant, et ordonnera la levée du plan de chacune de ces
communautés, conformément aux règles
prescrites.

XLV. Le Directoire du District réclamant, et les officiers municipaux des
communautés dont les plans devront être

levés, nommeront des commissaires pour donner à celui qui sera chargé de la levée des plans tous les renseignemens et secours nécessaires ; les originaux des plans, seront déposés aux archives du Département, et il en sera déposé deux copies, l'une aux archives du District, et l'autre à celles de chaque Municipalité.

XLVI. Aussitôt après la levée des plans, le Directoire du Département nommera deux experts pour procéder à l'évaluation du revenu des communautés dont les plans auront été levés ; il leur fera remettre les plans, la demande en réclamation et pièces y jointes ; il fixera quinze jours à l'avance celui de la descente sur les lieux, et en donnera avis au Directoire du District réclamant et à ceux des deux Districts les plus voisins, qui nommeront chacun un commissaire pour être présens aux opérations des experts et faire les réquisitions qu'ils croiront utiles.

XLVII. Le revenu net du District sera calculé d'après l'évaluation faite de celui des communautés vérifiées, dans la proportion de leur quôte-part avec le contingent général du District.

XLVIII. Le Conseil du Département prononcera, lors de sa première cession; après le dépôt des procès-verbaux, et il fera connoître sa décision à tous les Districts qui lui sont subordonnés.

XLIX. Toutes les fois qu'il aura été procédé, sur la réclamation d'un District, à la levée du plan d'une communauté par chaque canton, et à l'évaluation de leur revenu par experts, le District ne pourra être cotisé qu'en conformité de cette évaluation, pendant les vingt années suivantes, à moins qu'avant cette époque il ne soit procédé à une pareille évaluation pour les autres Districts.

Dispositions générales.

L. Dans tous les cas où il aura été nommé des experts, les parties intéressées à la réclamation, seront tenues d'adresser leurs moyens de récusation, si elles en ont, au Directoire de District ou de Département, avant le jour fixé pour la descente des experts.

LI. Les procès-verbaux d'experts seront rédigés suivant les modèles joints au présent Décret; les experts les dres-

seront sur les lieux ; les commissaires
et les réclamans seront interpelés de les
signer, et s'ils s'y refusent, il sera fait
mention de leur refus. Ces procès-verbaux ne seront soumis ni au timbre ni
à l'enregistrement ; l'original sera déposé au secrétariat du corps administratif
qui aura ordonné le procès-verbal ; il y
sera numéroté et enregistré, et il en
sera remis des copies aux Districts et
aux Municipalités pour ce qui les concerne.

LII. Les réductions accordées seront,
pour l'année courante, imputées sur le
fonds des non-valeurs, et rejetées, lors
de la confection du rôle de l'année suivante, sur les autres contribuables, communautés ou Districts, suivant les cas
exprimés aux articles I, II et III du
titre IV de la Loi du 1.er décembre
1790, concernant la Contribution foncière.

LIII. Dans le cas cependant où le
montant des réductions prononcées excéderoit le sixième du montant total du
rôle de la communauté, ces réductions
ne seront pas imputées sur le fonds des

non-valeurs, mais le montant sera réparti sur le rôle de l'année même, en exceptant les réclamans au profit desquels les réductions auroient été prononcées.

LIV. Les frais de levée de plans, de mesurage et d'expertise seront réglés au pied des procès-verbaux, par les corps administratifs qui les auront ordonnés.

LV. Dans le cas de réclamation d'un contribuable contre l'évaluation faite par la Municipalité de sa communauté, les frais seront supportés par le réclamant, soit que sa demande en réclamation ait été rejetée, soit qu'il ait refusé la réduction offerte par le Conseil général, si elle est jugée suffisante, et ils seront supportés par la communauté, si elle a mal-à-propos contesté la demande, ou n'a consenti qu'une réduction inférieure à celle qui sera fixée.

LVI. Il en sera de même lorsque plusieurs contribuables se seront réunis pour former leur demande en réclamation, et lorsqu'elle n'aura point donné lieu à la levée d'un plan général de la communauté.

LVII. Dans le cas où la demande en

réclamation d'un ou plusieurs contribua¤
bles , dont les cotisations réunies excé
deront le tiers du montant du rôle de
la Contribution foncière de la communauté , sera rejettée après avoir donné
lieu à la levée du plan général de la
communauté, les frais seront supportés
par tous les revenus de la communauté,
en évaluant pour cette répartition , au
double de leur revenu, les biens des
contribuables réclamans.

LVIII. Dans le cas au contraire où
la réclamation des contribuables sera admise , les frais seront supportés par tous
les revenus de la communauté , en évaluant pour cette répartition les biens des
contribuables réclamans à la moitié seulement de leur revenu.

LIX. Dans le cas où une communauté
aura demandé la levée du plan de son
territoire , les frais seront supportés par
tous les revenus fonciers de la communauté au marc la livre.

LX. Les frais auxquels aura été condamné le contribuable , seront à défaut
de payement dans le mois , portés par
émargement à sa cotte avec les taxations

du receveur en proportion , et les revenus du contribuable seront affectés au
payement de la somme émargée , comme
pour la contribution même.

LXI. Le montant des frais auxquels
sera condamnée une communauté , sera
émargé sur le rôle de sa Contribution
foncière , les cottes des réclamans ex-
ceptées; mais ces émargemens ne pourront
chaque année excéder la moitié du principal de la contribution.

LXII. Si , d'après la vérification ordonnée par le Conseil du Département,
sur la réclamation du Conseil de District , la demande est rejettée , les frais
seront supportés par le District , et répartis l'année suivante sur toutes les communautés qui le composent.

LXIII. Si la réduction est ordonnée
au profit du District , les frais seront
répartis , l'année suivante , sur les autres Districts du Département.

CONTRIBUTION FONCIÈRE.

Aujourd'hui   mil
sept cent   Nous , Commissaires , experts soussignés , en vertu
de l'arrêté de MM. les Administrateurs
du Directoire du District d
après nous être présentés au secrétariat ,
et y avoir pris les pièces et renseignemens nécessaires , certifions nous être
transportés dans la Municipalité d
à l'effet d'y vérifier les faits exposés dans
le mémoire présenté le .
par   demeurant à
qui expose que sa cotisation au rôle de
la Contribution foncière de la communauté d   qui a été portée en principal
à la somme d   excède le sixième
du revenu des propriétés qu'il possède
dans ladite Communauté, lequel revenu
il évalue dans la déclaration qu'il a fournie à l'appui de sa demande ainsi qu'il
suit :

E X T R A I T
de la matrice du rôle de la
Communauté de

Noms des Sections et Numéros des tailles.	Nature des Propriét.	Évaluation faite par la Municipalité.	Déclaration du Propriétaire.	Évaluation des Experts.

Après nous être transportés dans toutes les sections où sont situés les biens ci-dessus, accompagnés de N commissaire, N réclamant, fons reconnu que la première évaluation faite par la Municipalité, du revenu desd. biens

et (*au-dessus* ou *au-dessous*) de celle à laquelle ils doivent être portés, d'après nos connoissances particulières et les renseignemens que nous nous sommes procurés, et que l'évaluation desd biens peut être fixée à la somme total de   conformément au détai ci-dessus.

Fait et arrêté le
N   Expert, N   Expert, N
Commissaire de la Municipalité, N
réclamant.

LOI

DU 12 OCTOBRE 1791,

Relative au mode d'imposition pour le propriétaires de champarts, agriers terrages, cens et rentes, et autre redevances annuelles.

Louis, par la grâce de Dieu, etc.

Décret du 29 Septembre 1791.

L'ASSEMBLÉE NATIONALE considérai que les possesseurs de champarts, agrier terrages, cens, rentes et autres redevanc annuelles, qui n'ont pas d'autres biens ou qui sont cotisés à raison de la tota lité de leurs biens, quoiqu'ils en aye

në partie en champars et autres rede-
rances, et que pour cette partie la re-
enue du cinquième doive leur être faite
ar les redevables, ne pourroient sans
louble emploi payer à raison des mêmes
edevances l'à-compte ordonné par la loi
lu 17 juillet dernier, et voulant préve-
ir ce double emploi, décrète ce qui
uit :

Les propriétaires de redevances annuel-
es soumises à la retenue du cinquième,
ont autorisés à faire à leurs municipa-
ités, déclaration de la continance et du
iroduit des héritages et biens-fonds qu'ils
lossèdent dans le territoire de la com-
hune, à laquelle déclaration ils join-
ront la quittance du payement de la
hoitié de la contribution foncière desd.
iens ; et vérification faite par la muni-
iipalité, de l'exactitude desdites décla-
ations, sur l'avis du Directoire de Dis-
rict, ils seront par le Directoire du Dé-
artement, déchargés de payer l'à-compte
e moitié de la portion de contribution
irecte qui auroit eu rapport à leur re-
enu en rentes ou redevances, sur les-
uelles la retenue du cinquième leur a
té, ou leur sera faite par les redevables.

L O I

DU 16 OCTOBRE 1791,

Relative aux plans des Territoires da les Départemens.

LOUIS, par la grâce de Dieu, etc.

Décret du 21 Août 1791.

L'ASSEMBLÉE NATIONALE décrète q les Directoires de Département, sur l'a de ceux de District, pourront ordonn la levée du plan du territoire et l'évalu tion du revenu d'une Communauté, lo que cette demande aura été faite par Conseil général de la Commune, mêɪ avant qu'il soit formé aucune deman en réduction.

LOI

DU 23 SEPTEMBRE 1791,

Qui fixe les règles à suivre pour les plans à faire en vertu des articles XXI et XXX du Décret des 4 et 21 Août 1791.

Louis, par la grâce de Dieu, etc.

Décret du 16 Septembre 1791.

L'ASSEMBLÉE NATIONALE considérant qu'il est nécessaire de prescrire, pour les plans qui seront levés en vertu des articles XXI et XXX du Décret des 4 et 21 août 1791, des règles uniformes, de lier la levée de ces plans à des opérations plus étendues, et de les diriger toutes vers la confection d'un cadastre général qui aura pour base les grands triangles de la carte de l'Académie des sciences, décrète ce qui suit :

ARTICLE PREMIER.

Lorsqu'il sera procédé à la levée du territoire d'une communauté, en vertu de l'ordonnance du Directoire du Département, l'Ingénieur chargé de l'opération, fera d'abord un plan de *masse* qui présentera la circonscription de la communauté et sa division en sections, et formera ensuite les plans de détail qui composeront le *parcellaire* de la communauté.

II. L'Ingénieur prendra toujours pour base une ligne droite, dont les deux points extrèmes seront reconnus par les officiers municipaux, qui en dresseront procès-verbal et les feront marquer par des bornes, à la conservation desquelles ils veilleront, pour que cette base puisse être retrouvée lorsqu'il y en aura besoin.

III. L'original du plan de la communauté sera déposé aux archives du Département, conformément à l'art. XXXII du Décret des 4 et 21 août 1791, et l'Ingénieur aura soin d'y noter les points qu'il aura déterminés géométriquement.

IV. Les Directoires de Département feront procéder en une ou plusieurs années, à la détermination géométrique de tous les clochers et autres points remarquables, situés dans l'étendue de leur Département.   V.

V. Le ministre des contributions publiques choisira l'un des Inspecteurs généraux ou l'un des Ingénieurs des ponts
et chaussées, et le chargera de la direction générale de ces opérations.

VI. Le ministre des contributions publiques fera recueillir dans le bureau de
cette direction, tous les points déterminés géométriquement, tant par les grands
triangles de la carte de l'Académie, que
par les travaux, soit des officiers du
corps du génie, soit des Ingénieurs-géo-
graphes du Département de la guerre,
soit des Ingénieurs des ponts et chaussées, et fera envoyer aux Directoires
de Département le tableau de ceux de
ces points qui seront dans chacun de
leurs arrondissemens respectifs, pour
servir aux opérations prescrites par l'art.
IV.

VII. Il sera envoyé à chaque Directoire de Département une toise étalonnée
sur celle de l'Académie, et cette toise
servira pour étalonner celle que l'on em-
ployera dans tous les travaux qui seront
exécutés dans le Département.

VIII. Le ministre des contributions

H

publiques présentera incessamment à
l'Assemblée Nationale législative , une
instruction sur les moyens d'exécution
des différentes opérations prescrites ci-
dessus , et dans laquelle on déterminera
une échelle uniforme pour les *plans de
masse*, une autre pour les *parcellaires*,
et une autre pour l'intérieur des villes ou
villages , si elle est jugée nécessaire ;
et cette instruction sera envoyée à tous
les Départemens, qui seront chargés de
publier une table comparative des mesures usitées dans leur Département,
avec la toise de l'Académie.

L O I

DU 18 FÉVRIER 1791 ,
Sur la Contribution Mobiliaire.

Louis , par la grâce de Dieu, etc.

Décret du 13 Janvier 1791.

TITRE PREMIER.

Des Dispositions générales.

Art. I.er Il sera établi, à compter di

2.er janvier 1791, une Contribution mobiliaire, dont la somme sera déterminée chaque année.

II. La Législature déterminera, chaque année, la somme de la Contribution mobiliaire, d'après les besoins de l'État, et en la décrétant, en arrêtera le tarif.

III. Une partie de la Contribution mobiliaire sera commune *à tous les habitans;* l'autre partie sera levée à raison des salaires publics et privés, et des revenus d'industrie et de fonds mobiliers.

VI. La partie de cette Contribution, commune à tous les habitans, aura pour base de répartition, les facultés équivalentes à celles qui peuvent donner la qualité de citoyen actif, les domestiques, les chevaux et les mulets de selle, de carrosses, cabriolets ou litières, et la valeur annuelle de l'habitation, fixée suivant le prix du bail ou l'estimation qui sera faite.

V. La partie qui portera uniquement sur les salaires publics et privés, les revenus d'industrie et de fonds mobiliers, aura pour base ces revenus, évalués d'après la cotte des loyers d'habitation.

VI. Il sera établi un fonds pour remplacer les non-valeurs résultantes , soit des décharges et réductions, qui auront été prononcées, soit des remises et modérations que les accidens fortuis mettront dans le cas d'accorder.

VII. Ce fonds ne pourra être détourné de sa destination ; il sera pris sur la Contribution mobiliaire , et partagé en deux portions, d'ont l'une sera confiée à l'administration de chaque Département , et l'autre restera à la disposition de la Législature.

VIII. Les administrations de Département et de Districts , ainsi que les Municipalités , ne pourront , sous aucun prétexte, et sous peine de forfaiture et d'en être responsables personnellement , se dispenser de répartir la portion contributive qui leur aura été assignée dans la Contribution mobiliaire ; savoir, aux Départemens, par un *Décret* de l'Assemblée Nationale ou des Législatures, aux Districts, par la *Commission* de l'administration de Département, et aux Municipalités, par les *Mandemens* de l'administration de District.

IX. Aucun Département, aucun District, aucune Municipalité, ni aucuns contribuables ne pourront, sous quelque prétexte que ce soit, même de réclamation contre la répartition, se dispenser de payer la portion contributive qui leur aura été assignée, sauf à faire valoir leurs réclamations, selon les règles qui seront prescrites.

TITRE II.

De la Contribution mobiliaire pour 1791.

X. La somme qui sera décrétée par l'Assemblée Nationale pour la Contribution mobiliaire, sera répartie, entre les Départemens, par un Décret particulier.

XI. La partie de la Contribution qui sera établie à raison des facultés équivalentes à celles qui peuvent donner le titre de citoyen actif, sera fixée à la valeur de *trois journées de travail*, dont le taux sera proposé par chaque District pour les Municipalités de son territoire, et arrêté par chaque Département.

XII. Les citoyens qui ne sont pas en
état de payer la contribution des trois
journées de travail, ne seront point taxés
au rôle de la Contribution mobiliaire,
mais seront inscrits soigneusement, et
sans exception, à la fin du rôle.

XIII. La contribution des trois journées de travail sera payée par tous ceux
qui auront quelques richesses foncières
ou mobiliaires, ou qui réduits à leur
travail journalier, exercent quelque profession qui leur procure un salaire plus
fort que celui arrêté par le Département
pour la journée de travail dans le territoire de leur Municipalité.

XIV. La partie de la Contribution,
à raison des domestiques mâles, sera
payée par chaque contribuable par addition à son article, savoir: pour un
seul domestique, *trois livres*, pour le
second, *six livres*; et *douze livres* pour
chacun des autres.

Celle à raison des domestiques femelles
sera d'*une livre dix sous* pour la première, de *trois livres* pour la seconde,
et de *six livres* pour chacune des autres;
et ne seront comptés les apprentis et

compagnons d'arts et métiers, les domestiques de charrue et autres destinés uniquement à la culture ou à la garde et
au soin des bestiaux, ni les domestiques
au-dessus de l'âge de soixante ans.

XV. La partie de la Contribution,
à raison des chevaux ou mulets, sera
payée par chaque contribuable par addition à son article, savoir ; pour chaque
cheval ou mulet de selle, *trois livres*,
et par chaque cheval ou mulet de carrosses ou cabriolets et litières, *douze
livres* ; et ne seront comptés que les
chevaux ou mulets servant habituellement au contribuable pour ces usages.

XVI. La partie de la Contribution
qui sera établie sur les revenus d'industrie et de richesses mobiliaires, sera
du *sol pour livre* de leur montant
présumé d'après les loyers d'habitation,
et pourra même être portée au dix-huitième.

XVII. La cotte des gens en pension
et des personnes n'ayant d'autre domicile que dans des maisons communes,
sera faite à raison du loyer de l'appartement que chacun occupera, et elle sera

exigible vers le locateur, sauf son remboursement contre eux.

XVIII. Les loyers de 12,000 liv. et
au-dessus, seront présumés être du *dou-*
zième et demi du revenu du contribuable.

2. Ceux de	11,000l. *incl.* à 12,000l. *excl.*	du onziè. et demi.
3.	de 10,000	à 11,000l.	du	onzième.
4.	de 9,000	à 10,000l.	du	dixième et demi.
5.	de 8,000	à 9,000l.	du	dixième.
6.	de 7,000	à 8,000l.	du	neuvième et demi.
7.	de 6,000	à 7,000l.	du	neuvième.
8.	de 5,000	à 6,000l.	du	huitième et demi.
9.	de 4,000	à 5,000l.	du	huitième.
10.	de 3,500	à 4,000l.	du	septième et demi.
11.	de 3,000	à 3,500l.	du	septième.
12.	de 2,500	à 3,000l.	du	sixième et demi.
13.	de 2,000	à 2,500l.	du	sixième.
14.	de 1,500	à 2,000l.	du	cinquième et demi.
15.	de 1,000	à 1,500l.	du	cinquième.
16.	de 500	à 1,000l.	du	quart.
17.	de 100	à 500l.	du	tiers.

18.º Ceux au-dessous de 100 livres
seront présumés être de la *moitié* du
revenu du contribuable.

XIX. A l'égard de tous les contribuables qui justifieront être imposés aux
rôles de Contribution foncière, il leur
sera fait, dans le règlement de la taxe
mobiliaire, une déduction proportionnelle à leur revenu foncier.

XX. En 1791, la déduction à raison
du revenu foncier, qui doit être accor-

dée sur la cotte de facultés mobiliaires, sera évaluée d'après la contribution foncière qui aura été payée en 1790. Quant aux parties du royaume qui n'étoient pas taxées aux contributions foncières , on recevra la déclaration des propriétaires , pourvu qu'ils l'ayent communiquée à la Municipalité de la situation des biens, et fait certifier par elle.

L'Assemblée Nationale se réserve de statuer sur les déductions à faire aux étrangers résidant en France , et aux François propriétaires de biens, soit dans les Colonies , soit dans l'étranger.

XXI. Tous ceux qui jouiront de salaire , pension ou autre traitement public, à quelque titre que ce soit, si leur loyer d'habitation ne présente pas une évaluation de facultés mobiliaires aussi considérable que ce traitement , seront cotisés sur leur traitement public dans la proportion qui sera déterminée.

XXII. Toute personne ayant un salaire , pension ou traitement public au-dessus de la somme de 400 livres , ne pourra en toucher aucune portion pour 1792 , qu'il ne représente la quittance

de sa Contribution mobiliaire de 1791 ;
et ainsi de suite chaque année.

XXIII. Chaque chef de famille qui
aura chez lui ou à sa charge plus de
trois enfans, sera placé dans la classe
du tarif inférieure à celle où son loyer
le feroit placer.

Celui qui aura chez lui ou à sa charge
plus de *six* enfans, sera placé dans une
classe encore inférieure.

XXIV. Les manouvriers et artisans
seront cotisés à deux classes au-dessous
de celle où leur loyer les auroient placés;
et lorsqu'ils seront dans la dernière, leur
cotte sera réduite à moitié de celle que
leur loyer établiroit.

Il en sera de même des marchands
ayant des boutiques ouvertes, vendant
en détail, et des commis et employés
à appointemens fixes dans différens bureaux, ou chez des banquiers, négocians, etc., pourvu que leur loyer n'excéde
pas : savoir; pour Paris, 1,200 livres;
800 liv. dans les villes de soixante mille
ames ; 500 liv. dans celles de trente à
soixante mille ames; 400 liv. dans celles
de vingt à trente mille ames ; 200 liv.
dans celles de dix à vingt mille ames.

100 liv. pour les villes au-dessous de dix milles ames.

Au moyen de ces réductions, les uns et les autres ne pourront réclamer celles accordées par les Décrets pour les pères de familles.

XXV. Tout citoyen qui, d'après les dispositions des précédens articles, sera dans le cas de demander une déduction sur la taxe de facultés mobiliaires, à raison de son revenu foncier, ou de se faire taxer dans une classe inférieure à celle ou son loyer le placeroit, sera tenu d'en justifier, avant le premier décembre de chaque année.

XXVI. Les célibataires seront placés dans la classe supérieure à celle où leur loyer les placeroit.

XXVII. La partie de la contribution, qui sera établie à raison de l'habitation sera du *trois-centième* du revenu présumé, d'après les loyers d'habitation.

XXVIII. La cotte d'habitation sera susceptible d'augmentation et de diminution. On établira par addition au marc la livre, d'abord sur la cotte des facultés mobiliaires jusqu'au dix-huitième seulement, et ensuite sur la cotte d'habitation cequi restera à répartir au-delà du produit des autres cottes, pour parfaire la cotisation générale de chaque Municipalité, mais si le produit des diverses cottes de la Contribution mobiliaire excède la somme assignée par le mandement, la répartition de cet excédant sera faite par diminution au marc la livre, sur la cotte d'habitation, et ensuite au marc la livre sur la cotte des facultés mobiliaires, lorsque la totalité de la cotte d'habitation se trouvera absorbée.

XXIX. Nul ne sera taxé à la Contribution mobiliaire, qu'au lieu de sa principale habitation ; et sera considérée comme habitation principale . celle dont le loyer sera plus cher : en conséquence, tout citoyen qui aura plusieurs habitations, sera tenu de les déclarer à chacune des Municipalités oú elles sont situées; il indiquera celle dans laquelle il doit être imposé, et justifiera, dans les six mois, l'avoir été. Si au surplus il a des domestiques et des chevaux dans différentes habitations, chaque municipalité taxera dans son rôle ceux qui séjourneront habituellement dans son territoire.

XXX.

XXX. La *portion contributive* assignée à chaque Département, sera répartie, par son administration, entre les différens Districts qui lui sont subordonnés : le *contingent* assigné à chaque District, sera pareillement réparti par son administration, entre les Municipalités de son arrondissement ; et la *cotte-part* assignée à chaque Municipalité, sera répartie entre tous les habitans ayant domicile dans le territoire de la Municipalité, parmi lesquels, pour faire la matrice du rôle, il sera nommé par le Conseil général de la commune, des commissaires-adjoints, en nombre égal à celui des officiers municipaux.

XXXI. Il sera retenu pour 1791, dans la totalité du Royaume, sur le montant de la Contribution mobiliaire, des deniers pour livre ; et de cette somme, partie sera versée au Trésor public, et l'autre restera à la disposition de l'Administration de chaque Département.

TITRE III.

Assiette de la Contribution mobiliaire de 1791.

XXXII. Aussitôt que les Municipalités auront reçu le présent Décret, et sans attendre le mandement du Directoire de District, elles formeront un état de tous les habitans domiciliés dans leur territoire ; elles le feront publier, et le déposeront au greffe de la Municipalité, où chacun en pourra prendre connoissance.

XXXIII. Dans la quinzaine qui suivra la publication, tous les habitans feront ou feront faire, au secrétariat de la Municipalité, et dans la forme qui sera prescrite, une déclaration qui indiquera, 1.º s'ils ont ou non les facultés équivalentes à celles qui peuvent donner la qualité de citoyen actif; 2.º le nombre de leurs domestiques ; 3.º celui des chevaux et mulets de selle, de carrosses, cabriolets et litières ; 4.º la situation et la valeur annuelle de leur habitation ; 5.º s'ils sont célibataires ou

non , et le nombre de leurs enfans ;
6.º s'ils sont manouvriers et artisans ,
marchands en détail, commis et employés
à appointemens fixes ou salariés publics ;
7.º enfin , pour ceux qui sont propriétaires , les sommes auxquelles ils auront
été taxés , pour la Contribution foncière,
dans les divers Départemens.

XXXIV. Ce délai passé , les Officiers municipaux avec les Commissaires-
adjoints , procéderont à l'examen des
déclarations , suppléeront à celles qui
n'auront pas été faites ou qui seroient
incomplettes , d'après leurs connoissances locales et les preuves qu'ils pourront se procurer.

XXXV. Aussitôt que ces opérations
seront terminées , les Officiers municipaux et les Commissaires-adjoints établiront dans la matrice de rôle , en leur
ame et conscience , 1.º la taxe de trois
journées de travail pour ceux qui ont les
facultés équivalentes à celles qui peuvent donner la qualité de citoyen actif;
2.º ils ajouteront à l'article de chaque
contribuable une taxe relative au nombre de ses domestiques ; 3.º une taxe

relative au nombre de ses mulets et chevaux de selle, de carrosses, cabriolets
et litières ; 4.º ils évalueront la taxe
d'habitation ; 5.º ils feront l'évaluation
des revenus d'industrie et de richesses
mobiliaires de chaque contribuable, sauf
la déduction des revenus fonciers, suivant l'article XIX ; 6.º si, après avoir
établi ces différentes cottes dans l'ordre
qui vient d'être prescrit, il restoit une
portion de la somme fixée par le mandement, à répartir en plus ou en moins,
la répartition en plus sera faite, lors
de la confection du rôle, au marc la
livre sur la cotte de facultés mobiliaires,
jusqu'au dix-huitième, et ensuite sur la
cotte d'habitation, conformément à l'art.
XXVIII ; et dans le cas de diminution,
elle sera faite d'abord au marc la livre
de la cotte d'habitation, et ensuite de
celle de facultés mobiliaires.

XXXVI. Les Officiers municipaux
avec les Commissaires-adjoints procéderont, aussitôt que le mandement du
Directoire de District leur sera parvenu,
à la confection de la matrice de rôle,
conformément aux instructions du Di-

rectoire de Département, qui seront jointes au mandement ; et lorsque cette matrice de rôle sera terminée, elle sera
déposée pendant huit jours au secrétariat
de la Municipalité, où chaque contribuable pourra en prendre connoissance
et la contredire. Après ce délai, les
Officiers municipaux arrêteront définitivement le projet, le signeront et l'enverront au Directoire de District.

La forme des rôles, le nombre de
leurs expéditions, de leur envoi, leur
dépôt et la manière dont ils seront rendus exécutoires, seront réglés par l'instruction de l'Assemblée Nationale.

XXXVII. Les Administrateurs de
Département et de Districts surveilleront et presseront, avec la plus grande
activité, toutes les opérations ci-dessus
prescrites aux Municipalités.

TITRE IV.

Des Demandes en décharge ou réduction.

XXXVIII. Si quelque Contribuable
se croit lésé dans la répartition, il adressera, dans la forme qui sera prescrite,

I 3

une réclamation au Directoire de son District, lequel la communiquera à la Municipalité, pour décider ensuite sur sa réponse.

XXXIX. Si le Contribuable ou les Officiers municipaux se croient fondés à réclamer contre cette première décision, ils adresseront une requête au Directoire du Département, qui, après l'avoir communiquée à celui du District, statuera définitivement.

XL. Toute cotte réduite par la décision du Directoire de District ou de Département, sera imputée sur le fonds des non-valeurs établi par l'article VI du présent Décret.

XLI. Si c'est une Communauté entière qui se croit fondée à réclamer, elle s'adressera au Directoire de Département. La réclamation envoyée par lui à l'administration du District, sera communiquée aux Communautés dont le territoire touchera celui de la Communauté réclamante ; et il y sera de même statué contradictoirement et définitivement par l'administration du Département, sur l'avis de l'administration du District.

Si la réduction de la cotisation est

prononcée, la somme excédente sera de même imputée sur le fonds des non-valeurs.

XLII. La réclamation d'une Administration de District qui se croiroit lésée, sera de même adressée au Directoire du Département, et communiquée par lui aux autres Districts du même Département, pour y être ensuite statué contradictoirement et définitivement, par l'Administration du Département, sur le rapport et l'avis de son Directoire.

Les Administrations de Département adresseront chaque année à la Législature, leurs décisions sur les réclamations des Administrations de Districts, avec les motifs de ces décisions.

Quant aux réductions accordées aux Districts, elles seront aussi imputées sur le fonds des non-valeurs laissé à la disposition des Départemens.

XLIII. Enfin si c'est une Administration de Département qui se croit fondée à réclamer, elle s'adressera, par une pétition, à la Législature. La pétition sera communiquée aux Administrations de Département dont le territoire touchera celui de

I 4

l'Administration réclamante, et il y sera ensuite statué par la Législature.

L'imputation de la réduction accordée, sera sur le fonds des non-valeurs, à la disposition de la Législature.

TITRE V.

De la perception et du recouvrement.

XLIV. Il ne sera alloué pour la perception de la Contribution mobiliaire, que trois deniers pour livre du montant du rôle.

Le recouvrement sera toujours fait par celui qui sera chargé de la perception du rôle de la Contribution foncière.

XLV. Chaque année, aussitôt que le rôle pour le recouvrement de la Contribution mobiliaire aura été rendu exécutoire et renvoyé à la Municipalité, il sera remis au percepteur du rôle de la Contribution foncière.

XLVI. Les trois deniers pour livre attribués au percepteur, seront pris, par retenue, sur le recouvrement effectif.

XLVII. La cotisation de chaque Contribuable sera divisée en douze portions égales, payables le dernier de chaque mois.

XLVIII. Les Officiers municipaux, les Administrateurs de District et de Département, pourront en tout temps vérifier sur le rôle l'état des recouvremens, et les Receveurs des Communautés seront tenus de verser chaque mois, dans la caisse du District, la totalité de leur recette.

XLIX. Dans la dernière huitaine de chaque trimestre, c'est-à-dire, dans la dernière huitaine des mois de mars, juin, septembre et décembre, il sera fourni par les Receveurs des Communautés, un état de tous les Contribuables en retard, lequel, après avoir été visé par les Officiers municipaux, sera publié et affiché; et faute de payement dans les huit premiers jours du mois suivant, le Contribuable pourra être contraint par saisie de meubles et effets mobiliers.

L. Le percepteur sera tenu de compter dans les délais prescrits, soit en argent, soit en ordonnances de décharge et modération, soit enfin en justifiant de l'insolvabilité des Contribuables, dans la forme qui sera prescrite.

LI. La forme des états des Contri-

I 5

buables en retard , celle des saisies, et la nature et les frais des contraintes, seront déterminés par un règlement pàrticulier.

INSTRUCTION

DE L'ASSEMBLÉE NATIONALE,

Du 13 Janvier 1791,

SUR LA CONTRIBUTION MOBILIAIRE.

TITRE PREMIER.

Des Dispositions générales.

La Contribution mobiliaire doit atteindre tous les revenus qui ne peuvent l'être par la Contribution foncière.

Il est juste qu'ils contribuent à la dépense commune, puisqu'ils profitent de la protection publique.

Il a été nécessaire de l'établir pour porter les revenus de l'État au niveau des besoins ; elle sera formée de plusieurs taxes, dont l'une à raison des revenus mobiliers , et les autres relatives à

toute espèce de richesses et aux signes
qui en annoncent.

Le Citoyen qui est réduit au salaire
commun de la journée de travail , et
qui n'a pas d'autres revenus , sera exempt
de toute contribution ; celui qui aura
peu de facultés , ne payera guères que
la cotte de trois journées de travail.
L'homme riche sera atteint plus forte-
ment par les taxes additionnelles, à raison
de ses domestiques , de ses chevaux , et
par la progression graduelle du tarif d'é-
valuation de ses revenus.

ARTICLE PREMIER.

*Il sera établi , à compter du premier
janvier 1791 , une Contribution mobiliaire, dont la somme sera déterminée
chaque année.*

Cette disposition, commune à la contribution foncière , a été dictée par la
nécessité de prévenir ces accroissemens
de contribution trop fréquens sous l'ancien régime. Les Législatures vérifie-
ront chaque année les besoins et les
ressources du Trésor public ; elles
fixeront, en raison des besoins, la somme

de la Contribution mobiliaire, et chaque
Département, chaque District, chaque
Municipalité sauront, après la répartition faite, quel est, la somme précise
qu'ils auront à payer. Tout citoyen en
sera également instruit, et sera en droit
de réclamer contre les accroissemens et
les extensions qu'on auroit pu tenter.

II. *La Législature déterminera chaque
année la somme de la Contribution mobiliaire, d'après les besoins de l'État,
et en la décrétant, en arrêtera le tarif.*

Cet article est une conséquence des
principes de la Constitution et de
l'article précédent ; chaque Législature
doit avoir le droit de fixer la somme
de la Contribution mobiliaire, et d'en
arrêter le tarif, puisqu'à chaque Législature appartiendra le droit de voter les
contributions.

III. *Une partie de la Contribution
mobiliaire sera commune à tous les habitans ; l'autre partie sera levée à raison
des salaires publics et privés, et des
revenus d'industrie et de fonds mobiliers.*

Il faut distinguer ici deux dispositions

également intéressantes. L'une rappelle la loi salutaire de l'égalité : plus de privilèges, plus d'exemptions. *Tous les habitans* en état de payer, seront également assujettis à la partie de la Contribution qui doit être commune, comme le détermine l'article suivant.

La seconde disposition assujettit *singulièrement* à la Contribution mobiliaire les salaires publics et privés, et les revenus de fonds mobiliers.

IV. *La partie de cette Contribution commune à tous les habitans, aura pour base de répartition les facultés équivalentes à celles qui peuvent donner la qualité de Citoyen actif, les Domestiques, les Chevaux et mulets de selle, de carrosses, cabriolets ou litières, et la valeur annuelle de l'habitation, fixée suivant le prix du bail ou l'estimation qui sera faite.*

V. *La partie qui portera uniquement sur les salaires publics et privés, les revenus d'industrie et de fonds mobiliers, aura pour base ces revenus, évalués d'après la cotte des loyers d'habitation.*

Ainsi les Évêques, les Curés, les
Membres des Directoires de Département
et de Districts, les Juges, les
Régisseurs des contributions indirectes,
leurs Commis et employés, et tout Citoyen
payé des fonds publics, se trouvent
compris dans cette disposition : ainsi
les gens attachés au service des particuliers,
les Intendans, Receveurs, Caissiers
et Commis s'y trouvent également
compris.

L'Assemblée Nationale n'a été arrêtée
que par la difficulté de connoître les
revenus d'industrie et de fonds mobiliers.
Il est impossible de soustraire aux yeux
de l'Administrateur une propriété foncière,
un champ ou une maison ; mais
les revenus d'industrie sont faciles à
cacher.

La différence des professions ne pouvoit
pas servir de moyen pour les connoître :
deux hommes du même état ont
souvent des fortunes inégales, et souvent
des professions de même nature
sont plus ou moins productives, à raison
des villes où on les exerce. Il étoit plus
difficile encore de connoître les revenus

des capitaux. Le débiteur et le créancier, presque toujours également intéressés au secret de leurs opérations, ne laissent aucun moyen de les découvrir. Il falloit enfin prévenir l'arbitraire tant de fois reproché aux anciennes contributions personnelles, source d'embarras pour les Administrateurs honnêtes, et instrument d'animosité et de passion entre les mains de tous les autres.

L'Assemblée Nationale ne s'est pas dissimulé qu'il étoit impossible d'atteindre à une évaluation parfaite; mais convaincue qu'il y auroit trop d'inconvéniens à asseoir une contribution, sans autre base que l'opinion des Administrateurs, elle a adopté la présomption résultante des *Loyers d'habitation*, comme la base la moins fautive.

L'Assemblée Nationale savoit, d'ailleurs, que dans plusieurs villes, des administrateurs éclairés avoient réparti l'ancienne capitation à raison des loyers, et avoient trouvé ce moyen plus propre que tout autre à prévenir les inégalités et les injustices ; il lui présentoit une base commune à tous les citoyens du

Royaume, et c'étoit un grand motif de préférence, puisque ce ne peut être qu'au moyen de bases communes qu'on pourra parvenir à établir l'égalité de contribution entre tous les Départemens. Tout concouroit donc à faire adopter pour base d'évaluation des revenus mobiliers et d'assiette de leur contribution, les *Loyers d'habitation*.

Il se trouve une grande différence entre cette base et la Capitation : la tête du Citoyen n'indique aucun revenu imposable ; l'habitation est, au contraire, relative aux facultés ; elle indique les revenus et peut par conséquent servir de base à la contribution.

Au surplus, si cette base d'évaluation des revenus est quelquefois fautive, l'Assemblée à encore pris des précautions propres à réparer les inconvéniens. Celui qui n'aura pas une habitation relative à ses richesses, aura toujours à supporter les taxes additionnelles, à raison de ses domestiques et de ses chevaux ; et ces additions auront encore l'heureux effet d'empêcher la dépopulation des campagnes, et de faire porter sur le luxe une partie de la contribution.

VI. *Il sera établi un fonds pour remplacer les non-valeurs résultantes, soit des décharges et réductions qui auront été prononcées, soit des remises ou modérations que les accidens fortuits mettront dans le cas d'accorder.*

VII. *Ce fonds ne pourra être détourné de sa destination ; il sera pris sur la Contribution mobiliaire, et partagé en deux portions, dont l'une sera confiée à l'administration de chaque Département, et l'autre restera à la disposition de la Législature.*

Ces articles sont encore une conséquence de la fixation de la Contribution mobiliaire. Il faut un fonds de non-valeurs pour suppléer aux réductions que pourront opérer des réclamations fondées; autrement la somme fixe affectée aux dépenses publiques, ne seroit pas toujours versée au Trésor, et le déficit pourroit produire de fâcheux inconvéniens.

Quant à la disposition du fonds des non-valeurs, atribuée partie aux Départemens, partie à la Législature, elle ne présente que des vues de justice.

Tous les François forment un peuple
de frères, ils se doivent tous des secours mutuels; et lorsqu'un Département aura tellement souffert, que son
fonds de non-valeurs ne pourra lui suf-
fire, il trouvera auprès de la Législature une ressource, dans les fonds
communs.

VIII. *Les Administrations de Département et de District, ainsi que les
Municipalités, ne pourront, sous aucun
prétexte, et ce sous peine de forfaiture, et d'en être responsables personnellement, se dispenser de répartir la
portion contributive qui leur aura été
assignée dans la Contribution mobiliaire ; savoir, aux Départemens, par
un Décret de l'Assemblée Nationale
ou des Législatures, aux Districts,
par la* Commission *de l'administration
de Département; et aux Municipalités,
par les* Mandemens *de l'Administration de District.*

IX. *Aucun Département, aucun District, aucune Municipalité, ni aucuns
contribuables ne pourront, sous quelque prétexte que ce soit, même de ré-*

clamation contre la répartition, se dispenser de payer la portion contributive
qui leur aura été assignée, sauf à faire
valoir leurs réclamations, selon les règles
qui seront prescrites.

Ces articles sont des dispositions nécessaires pour prévenir les effets de la
mauvaise volonté; mais l'Assemblée es-
père que l'application n'en aura jamais
lieu, et que tous les citoyens réunis
de sentimens, et également convaincus
des avantages de la Constitution, s'em-
presseront de concourir à la consolider
par l'établissement des contributions.

TITRE II.

*De la Contribution mobiliaire pour
l'année 1791.*

Les développemens donnés sur le titre
premier, font connoître les principes et
les bases de le Contribution mobiliaire.
Les dispositions du titre II ont pour
objet d'en déterminer l'application.

X. *La somme qui sera décrétée par
l'Assemblée Nationale, pour la Contribution mobiliaire, sera répartie sur les
Départemens par un Décret particulier.*

L'Assemblée Nationale n'ayant pas encore fixée la quotité pour 1791, n'a pu par conséquent la répartir entre les Départemens ; mais les Administrations et les Municipalités doivent toujours faire les opérations préparatoires pour l'assiette et la répartition.

XI. *La partie de la Contribution qui sera établie à raison des facultés équilentes à celles qui peuvent donner le titre de Citoyen actif, sera fixée à la valeur de trois journées de travail, dont le taux sera proposé par chaque District pour les Municipalités de son territoire, et arrêté par chaque Département.*

Il ne faut pas perdre de vue que la Contribution mobiliaire comprend cinq objets : 1.º la taxe de citoyen actif : 2.º celle des domestiques ; 3.º celle des chevaux ; 4.º celle des revenus mobiliers ; 5.º celle d'habitation. Il s'agit ici, et dans les deux articles suivans, de la première taxe. Chaque District doit proposer à son Département le taux des journées de travail à déterminer pour chaque Municipalité, et le faire arrêter par le Département.

Cette opération est simple, et doit être facile. La journée de travail dont il s'agit, est celle que gagne communément l'homme de peine, le journalier employé aux travaux communs de la terre.

Les salaires de cette classe de citoyens ne diffèrent guères que des campagnes aux villes, et des villes de l'intérieur des terres aux villes de commerce et maritimes.

Cette première opération des Districts servira à distinguer les citoyens qui dans chaque Municipalité ne devront pas être taxés à trois journées de travail.

Tous ceux à qui un travail journalier ne procure en salaire que le prix des journées, arrêté par le Département, et qui n'ont pas d'autres revenus, ne doivent aucune contribution, mais seront seulement inscrits à la fin du rôle, suivant la disposition de l'article suivant.

XII. Les Citoyens qui ne sont pas en état de payer la contribution des trois journées de travail, ne seront point taxés au rôle de la contribution mobiliaire, mais seront inscrits soigneusement et sans exception à la fin du rôle.

Mais celui qui exerce quelque profession plus lucrative, ou qui a quelques revenus indépendans de son travail, doit être taxé à trois journées, suivant l'article qui suit.

XIII. *La Contribution des trois journées de travail sera payée par tous ceux qui auront quelques richesses foncières ou mobiliaires, ou qui, réduits à leur travail journalier, exercent quelque profession qui leur procure un salaire plus fort que celui arrêté par le Département pour la journée de travail dans le territoire de leur Municipalité.*

Il est aisé d'appercevoir que l'assemblée Nationale ne voulant faire payer de contribution que sur le revenu mobilier qui n'est pas d'absolue nécessité, n'a pu en supposer aucun au journalier qui ne gagne que le salaire commun, tandis qu'au contraire elle a dû en supposer à celui qui gagne davantage.

Elle a aussi entendu que cette contribution devoit être payée par tous ceux qui jouissent de leurs droits, comme les veuves, les garçons et filles, les femmes vivant séparées de leurs maris, et les pupilles.

XIV. *La partie de la Contribution,*
raison *des domestiques mâles,* sera
ayée *par chaque contribuable par addi-*
on à son article; savoir, pour un seul
omestique, 3 *liv.; pour un second,* 6
v.; et 12 *liv. pour chacun des autres.*
Celle à raison des domestiques femel-
s sera d'une livre 10 *sous pour la*
remière, de 3 *liv. pour la seconde, et*
e 6 *liv. pour chacune des autres; et*
e seront comptés les apprentis et com-
agnons d'arts et métiers, les domesti-
ues de charrue et autres destinés uni-
uement à la culture ou à la garde et
u soin des bestiaux, ni les domesti-
ues au-dessus de l'âge de soixante ans.
Cet article est relatif à la seconde par-
e de la Contribution mobiliaire, il sera
cile à exécuter. La Municipalité, en
isant le rôle des habitans de son terri-
ire, ajoutera pour ceux qui auront des
omestiques, autres que ceux destinés
iquement à la culture des terres, et par
nséquent des jardins, ou à la garde et
soin des bestiaux, les taxes ordonnées
ivant leur sexe et leur nombre.
Il ne se présentera de difficultés qu'au-

tant qu'on voudroit faire passer pour ap
prentis et compagnons, de véritables do
mestiques, ou qu'on prétendroit compren
dre au nombre des domestiques de cul
ture, ou des gardiens des bestiaux, ceu
qui n'y sont pas uniquement destinés
mais dans ces hypothèses, les Munic.
palités auront presque toujours de
moyens sûrs de connoître la vérité. I
publicité des rôles préviendra les fraudes
ou les fera découvrir.

On observe seulement que les garçon
de moulins et autres usines ne doive:
pas être taxés ; qu'on doit en génér
regarder comme compagnons ceux q
sont attachés à une chose, et non p
au service personnel d'un maître.

XV. *La partie de la Contribution*
à raison des chevaux ou mulets, se
payée par chaque contribuable par a
dition à son article ; savoir, pour ch
que cheval ou mulet, 3 liv.; et par chaq
cheval ou mulet de carrosses ou cabri
lets et litières, 12 liv.; et ne sero
comptés que les chevaux ou mulets se
vant habituellement au contribuable po
ces usages.

Cet article qui se rapporte à la troisième partie de la Contribution mobiliaire, présente une opération tout aussi simple que la précédente ; la Municipalité aura à ajouter à l'article de chaque contribuable qui aura des chevaux ou mulets de selle ou de carrosses, cabriolets et litières, les taxes ordonnées à raison de leur nombre et de leur espèce.

L'Assemblée, en prescrivant de ne compter que ceux qui servent *habituellement au contribuable* pour les usages indiqués, a eu pour objet de ne pas faire payer de taxes pour les bêtes de somme, pour les chevaux de louage et de roulage, pour ceux de charrue, et pour les élèves, ni par conséquent pour les haras de toute espèce.

En effet, cette taxe n'ayant pour objet que d'atteindre la richesse, c'eût été s'écarter de son but que de prendre pour signe les chevaux de louage, ceux de voituriers, et les jumens et élèves ; ce seroit aller contre le même but, que de taxer aussi à raison des chevaux habituellement occupés au labourage, et dont le propriétaire ne se sert qu'accidentel-

K

lement pour son usage personnel. Enfin,
il est une exception nécessaire en considération du service public : les Officiers
des troupes de ligne ne devront pas supporter de taxe additionnelle à raison de
leurs chevaux de selle, si ce n'est dans
le cas où ils en auroient un plus grand
nombre que l'Ordonnance ne leur accorde
de places de fourrages ; mais leurs chevaux de voitures seront toujours taxés.

Il suit des dispositions de ces deux
articles, que les Municipalités ne doivent pas négliger les taxes à raison des
domestiques et des chevaux, lors même
que leurs maîtres seront taxés dans d'autres Municipalités. Il arrive assez fré-
quemment qu'on laisse dans une maison
de campagne, des domestiques et des
chevaux, qui n'étant pas connus au domicile principal du maître, ne seroient
pas taxés : ainsi, dans ces cas, les Municipalités établiront un article pour les
maîtres absens, et ne les taxeront qu'à
raison des domestiques et des chevaux
qui resteront habituellement dans leur
territoire, ainsi que le prescrit l'article
XXIX du présent Titre.

Mais en taxant à raison de ces domes‑
tiques, on ne fera pas entrer en compte
ceux que le même citoyen auroit à son
principal domicile.

XVI. *La partie de la Contribution
qui sera établie sur les revenus d'in‑
dustrie et de richesses mobiliaires, sera
du sou pour livre de leur montant pré‑
sumé d'après les loyers d'habitation,
et pourra même être portée au dix-hui‑
tième.*

Cet article qui fixe la base du quatrième
objet de la Contribution mobiliaire, est
une suite de l'article IV ; il nécessite
pour son exécution une opération à la‑
quelle les Municipalités ne pourront
apporter trop de soin. Le type des prin‑
cipales taxes de la Contribution mobi‑
liaire est le loyer d'habitation ; il fau‑
dra en conséquence, pour la confection
du rôle de cette Contribution, connoî‑
tre le montant du prix ou de l'estima‑
tion du loyer de chaque habitant.

Mais, 1°. on ne doit pas comprendre
dans le prix d'habitation les boutiques,
échoppes ou étaux de marchands, ate‑
liers, hangars, chantiers, magasins,

greniers et caves servant de magasin. On
ne peut prendre pour présomption de
richesses le loyer d'ateliers et de magasins que le citoyen n'occupe pas en raison des revenus qu'il a , mais bien pour
exercer sa profession , et même se procurer assez de revenus pour payer son
habitation.

2.° Les granges, les pressoirs, les étables ne peuvent aussi être compris comme faisant partie de l'habitation , pour
entrer dans le prix de loyer ; ainsi on
n'estimera que la partie occupée par les
propriétaires fonciers ou métayers pour
leur logement.

3.° Les maisons servant d'aüberges et
hôtelleries, d'hôtels garnis, de pension-
nats et de collèges , demandent encore
une exception : le citoyen qui tient et
administre ces diverses maisons , ne les
tient que par spéculation des loyers qu'il
pourra retirer de ceux qu'il logera. Ce
n'est pas à raison de ses richesses qu'il
prend de tels établissemens , c'est un
genre d'entreprise ; et ce seroit s'éloi-
gner des vues de justice , que de supposer à ce citoyen des revenus relatifs au

loyer qu'il paye. Il faut par conséquent, faire dans ce cas pour lui comme pour les locataires des ateliers et magasins, réduire à ce qui lui sert véritablement d'habitation, l'estimation de son loyer, et considérer le surplus comme ateliers et magasins.

Dans les cas où les Municipalités feront l'évaluation des loyers d'habitation, elles la porteront à sa véritable valeur et sans déduction, quoique la loi sur la Contribution foncière accorde une diminution du quart à raison des réparations.

XVII. *La cotte des gens en pension, et des personnes n'ayant d'autre domicile que dans des maisons communes, sera faite à raison du loyer de l'appartement que chacun occupera, et elle sera exigible vers le locateur, sauf son remboursement contre eux.*

Les Municipalités auront à taxer suivant cet article, outre le principal locataire, tout citoyen qui, dans ces sortes de maisons, a un domicile habituel ; il sera dans le cas d'être taxé, dès qu'il ne justifiera pas l'être ailleurs ; et de ce moment, le principal locataire restera responsable de la contribution de ses sous-locataires, sauf à lui à prendre les précautions propres à assurer son remboursement.

Cependant on ne doit pas se dispenser de faire un article séparé des gens en pension, d'autant mieux qu'ils peuvent avoir des exceptions à faire valoir.

L'estimation une fois faite, les revenus imposables sont faciles à calculer d'après le tarif que renferme l'article suivant.

XVIII. *Les loyers de 12,000 liv. et au-dessus seront présumés être du douzième et demi du revenu du contribuable.*

2.	Ceux de	11,000l. *incl.* à 12,000l. *excl.*	du onziè. et demi.
3.	de 10,000	à 11,000l.	du	onzième.
4.	de 9,000	à 10,000l.	du	dixième et demi.
5.	de 8,000	à 9,000l.	du	dixième.
6.	de 7,000	à 8,000l.	du	neuvième et demi.
7.	de 6,000	à 7,000l.	du	neuvième.
8.	de 5,000	à 6,000l.	du	huitième et demi.
9.	de 4,000	à 5,000l.	du	huitième.
10.	de 3,500	à 4,000l.	du	septième et demi.
11.	de 3,000	à 3,500l.	du	septième.
12.	de 2,500	à 3,000l.	du	sixième et demi.
13.	de 2,000	à 2,500l.	du	sixième.
14.	de 1,500	à 2,000l.	du	cinquième et demi.
15.	de 1,000	à 1,500l.	du	cinquième.
16.	de 500	à 1,000l.	du	quart.
17.	de 100	à 500l.	du	tiers.

18.º *Ceux au-dessous de 100 livres seront présumés être de la* moitié *du revenu du Contribuable.*

Il résulte des dispositions de cet article, que le Citoyen dont le loyer d'habitation sera au-dessous de 100 livres, ne présentera pour revenu que le double de ce loyer. Par exemple, celui qui a un loyer de 30 livres, sera présumé n'avoir de revenu que 60 liv., qui au sou pour livre fixeroient à 3 liv. sa taxe de revenu mobilier, et au dix-huitième à 3 liv. 6 s. 8 den. Celui qui a 400 liv. de loyer sera présumé avoir 1200 liv. de revenu, qui au sol pour livre fixeroient sa taxe à 60 livres et au dix - huitième à 66 livres 13 s. 4 den.

L'application du surplus de l'article est aussi simple : il n'est pas plus difficile de dire, celui qui a 2,000 liv. de loyer, est présumé avoir six fois 2,000 l. de revenu, et par conséquent 12,000 l.; que de dire, celui qui a 30 liv. de loyer, est présumé avoir deux fois ce revenu, et par conséquent 60 liv. L'un et l'autre doivent le sou pour livre du montant du revenu présumé; le premier 600 livres;

le second 3 livres et éventuellement le dix-huitième.

XIX. *A l'égard de tous les contribuables qui justifieront être imposés aux rôles de Contribution foncière, il leur sera fait, dans le règlement de la taxe mobiliaire, une déduction proportionnelle à leur revenu foncier.*

Cet article présente une disposition devenue nécessaire, dès que la base d'évaluation des revenus, *le loyer d'habitation*, ne pouvoit pas distinguer les revenus fonciers d'avec les revenus mobiliers, mais confondoit les uns et les autres.

Il est en effet sensible que de deux citoyens qui ont chacun un loyer de 2,000 liv., et dont par conséquent le revenu présumé est égal et de 12,000 l., l'un peut avoir son revenu en biens-fonds, et des 12,000 liv., il n'a que ce qui lui reste après avoir acquitté la contribution foncière : l'autre peut avoir son revenu de 12,000 liv. en capitaux placés sans le commerce ou sur l'État, et qui l'auront encore payé aucune contribution. Or, s'il est juste d'atteindre ceux-

ci par la cotte de contribution mobiliaire,
il seroit injuste de faire payer à ceux-là
une nouvelle contribution , puisqu'ils en
ont déjà payé une très-forte.

La déduction ordonnée au profit de
celui qui justifiera que tout ou partie
de ses revenus sont le produit des propriétés foncières, est donc de toute justice.

Quant au mode à adopter pour cette
déduction , il a été nécessaire de prendre
des mesures provisoires, jusqu'à la nouvelle répartition de la Contribution foncière.

XX. *En 1791 , la déduction à raison
du revenu foncier, qui doit être accordée
sur la cotte de facultés mobiliaires, sera
évaluée d'après la Contribution foncière
qui aura été payée en 1790. Quant aux
parties du Royaume qui n'étoient pas
taxées aux contributions foncières, on
recevra la déclaration des propriétaires,
pourvu qu'ils l'ayent communiquée à la
Municipalité de la situation des biens,
et fait certifier par elle.*

*L'Assemblée Nationale se réserve de
statuer sur les déductions à faire aux*

étrangers résidant en France, et aux François propriétaires de biens, soit dans les Colonies, soit dans l'Étranger.

Cet article ordonne que le citoyen qui sera dans le cas de demander une déduction sur sa cotte de contribution mobiliaire, fera évaluer son revenu sur l'extrait de son imposition à la contribution foncière de 1790.

Par exemple, celui qui a 2,000 liv. de loyer et 12,000 liv. de rente en propriétés foncières, demande une déduction proportionnelle à son revenu foncier ; il suffira qu'il présente l'extrait de sa cotisation aux vingtièmes de 1790; cet extrait prouvera qu'il payoit pour deux vingtièmes et quatre sols pour livre du premier, 1320 liv. ; il s'ensuivra qu'il a 12,000 liv. de rente de propriétés foncières, qui devant être taxées au rôle de la Contribution foncière, ne doivent pas l'être à celui de la Contribution mobiliaire.

L'application de la même règle n'est pas moins facile, lorsque le contribuable n'a qu'une partie de ses revenus en propriétés foncières. Ainsi, supposons qu'au lieu de payer 1,320 livres, le coñtribuable qui auroit 2,000 liv. de loyer, ne paye que 660 livres pour les deux vingtièmes et quatre sous pour livre, il en faudra conclure qu'il n'a que 6,000 l. de revenu foncier ; que le surplus de ses revenus est le produit de capitaux placés dans le commerce ou de fruits d'industrie, et il sera taxé à la cotte de contribution mobiliaire, au sou pour liv. de 6,000 liv. ou au dix-huitième éventuellement.

Cet exemple prouve comment se doit faire la réduction proportionnelle au revenu foncier, et il n'y aura pas de difficultés toutes les fois que les vingtièmes ou une contribution dont on connoîtra la proportion avec le revenu, pourront servir à fixer l'évaluation.

Mais dans les parties du royaume où il n'existe pas de contribution fixée par quotité du revenu foncier, dans celles où il n'existe même aucune contribution foncière, il faudra bien pour cette année, s'en rapporter aux déclarations des contribuables, qui auront été communiquées aux Municipalités de la situation des biens , et certifiées véritables par elles.

Au surplus, comme c'est dans le règlement de la taxe de revenus mobiliers et d'industrie , qu'il faut faire la déduction proportionnelle des revenus fonciers, il devenoit indispensable de fixer un délai pendant lequel le contribuable seroit tenu de justifier la déduction qu'il peut prétendre. Ce délai a été borné à la quinzaine qui suivra la publication de l'état des habitans, ordonnée par l'article XXXIII pour cette année, et pour les années suivantes, par l'article XXV au 1.er décembre; delà il résulte que les contribuables auront deux déclarations à faire en 1791 , la première pour les déductions à demander sur la contribution de cette année , et la seconde au mois de décembre, pour les déductions sur la contribution de 1792. Il ne sera accordé aucune déduction à ceux qui ne profiteront pas de ce délai : il seroit trop embarrassant d'en faire , lorsqu'une fois les rôles auront été arrêtés ; et le contribuable en retard n'éprouvera que la juste peine de sa négligence, en payant sans déduction.   XXI.

XXI. *Tous ceux qui jouiront de salaire, pension ou autre traitement public, à quelque titre que ce soit, si leur loyer d'habitation ne présente pas une évaluation de facultés mobiliaires aussi considérable que ce traitement, seront cotisés sur le traitement public, dans la proportion déterminée.*

Ainsi 1.º un juge, un administrateur, un officier militaire ou autre salarié public qui ayant un loyer de 400 liv., ne seroit présumé avoir que 1,200 livres de revenu, et qui auroit un traitement de 1,800 livres, sera taxé au sou pour liv. de 1,800 liv. pour la taxe mobiliaire, ou éventuellement au dix-huitième.

2.º Si un salarié public avec 1,800 livres de traitement et un loyer de 1,200 livres qui feroit présumer 6,000 livres de revenu, justifioit qu'il a un revenu foncier de 6,000 livres, et demandoit une déduction proportionnelle, on ne l'en taxeroit pas moins au sou pour livre des 1,800 livres; car s'il est évident qu'il a 6,000 livres de rente en revenus fonciers, il l'est aussi qu'il a un revenu mobilier de 1,800 livres qui doit une contribution.　L

Alors la vérité reconnue l'emporte sur la présomption, et quoique le loyer ne fasse présumer que 6,500 de revenu, qui ont payé à la Contribution foncière, on taxe les 1,800 livres de revenus mobiliers.

3.º Si un salarié public avec le même traitement de 1,800 livres, avoit un loyer de 1,500 livres et ne justifioit aucun revenu de propriétés foncières, son traitement seroit considéré comme partie de son revenu présumé, et il ne devroit le sou pour livre que des 6,000 livres, auxquelles son loyer feroit évaluer son revenu.

Toutes ces conséquences dérivent des dispositions de cet article, dont l'exécution sera d'autant plus difficile à éluder, que par l'article suivant, l'Assemblée a pris une précaution sûre contre la fraude.

XXII. *Toutes personnes ayant un salaire, pension ou traitement public au-dessus de la somme de 400 livres, ne pourra en toucher aucune portion pour 1792, qu'il ne représente la quittance de sa contribution mobiliaire de*

1791, et ainsi de snite chaque année.

Les personnes chargées de les payer, lors même qu'elles payeroient mois par mois, doivent tenir la main à l'exécution de cet article.

XXIII. *Chaque chef de famille qui aura chez lui ou à sa charge plus de trois enfans, sera placé dans la classe du tarif, inférieure à celle où son loyer le feroit placer.*

Celui qui aura chez lui ou à sa charge plus de six enfans, sera placé dans une classe encore inférieure.

Les articles 16, 17, 18, 19, 20, 21 et 22 établissent les règles du quatrième objet de la contribution mobiliaire; celui-ci et le suivant y font quelques exceptions.

L'intention de l'Assemblée nationale a été que le père d'une famille nombreuse, obligé par cela même à une plus grande dépense de loyer, ne fût pas encore exposé à payer une forte contribution, puisque c'est alors moins sa richesse que le besoin qui lui rend une grande habitation nécessaire.

Il est facile de faire l'opération prescrite par cet article. Un citoyen *sans* *enfans*, a 600 livres de loyer; on lui présume, d'après le tarif, 2,400 livres de rente : un père de *quatre* enfans à le même loyer, on ne lui présume que 1,800 livres de rente : si c'est un père de *sept* enfans, on ne lui présume que 1,200 livres de rente.

Au premier cas, on applique le tarif sans restriction, et suivant la *seizième* classe, le loyer de 600 livres est présumé du *quart* du revenu, et par conséquent suppose 2,400 livres.

Au second cas, on place le père de *quatre* enfans dans la classe inférieure, c'est-à-dire dans la *dix-septième*, et son loyer n'est plus présumé que le tiers de son revenu, et par conséquent de 1,800 liv.

Enfin au troisième cas, on le place dans la classe encore inférieure, c'est-à-dire dans la *dix-huitième*, et son loyer n'est plus présumé que *moitié* de son revenu, et par conséquent de 1,200l.

Au surplus ce revenu présumé n'est imposable, qu'autant que le contribuable ne justifiera pas qu'il est le produit de propriétés foncières.

Cependant si un père de quatre enfans, rangé dans une classe inférieure à celle où son loyer le placeroit, est salarié public et a un traitement de 2,400 livres, son loyer de 600 livres lui feroit présumer un revenu égal à son traitement, en calculant d'après le tarif général; mais au moyen de ce qu'il doit être placé dans une classe inférieure, son loyer de 600 livres évalué d'après la *dix-septième* classe du tarif, ne lui feroit présumer que 1,800 livres de revenu. La présomption doit encore céder à la vérité; et lorsqu'on connoît par le traitement public qu'il a un revenu mobilier plus fort que celui présumé par l'évaluation, il doit être taxé d'après son traitement. L'intention de l'Assemblée nationale est que chaque citoyen paye sur le montant entier de ses revenus mobiliers.

La taxation de ce père de famille à la cotte de facultés mobiliaires, doit donc toujours être sur la totalité de son traitement de 2,400 livres.

Mais si un père de famille se trouvoit naturellement dans la *dernière*

L 3

classe , comme on ne pourroit pas alors
le placer dans une classe inférieure , il
ne devroit pas perdre les avantages de
cet article ; il faudroit en ce cas lui
appliquer la disposition de l'article suivant ; ainsi supposons un père de quatre
enfans avec un loyer de 60 livres , il
ne devroit être taxé à la cotte de facultés mobiliaires qu'à raison du sou
pour livre de 60 livres ; supposons que
ce soit un père de sept enfans qui ait
le même loyer, il ne devroit que le sou
pour livre de moitié, c'est-à-dire , de
30 livres.

XXIV. *Les manouvriers et artisans*
seront cotisés à deux classes au-dessous
de celle où leur loyer les auroit placés,
et lorsqu'ils seront dans la dernière,
leur cotte sera réduite à moitié de celle
que leur loyer établiroit.

Il en sera de même des marchands
ayant des boutiques ouvertes , vendant
en détail, et des commis et employés
à appointemens fixes dans différens
bureaux, ou chez des banquiers , né-
gocians , &c. , pourvu que leur loyer
n'excéde pas , savoir: pour Paris, 1,200

livres; 800 livres dans les villes de 60 milles ames; 600 livres dans celles de 30 à 60 milles ames; 400 livres dans celles de 20 à 30 milles ames : 200 livres dans celles de 10 à 20 milles ames; 100 livres pour les villes au-dessous de 10 milles ames.

Au moyen de ces réductions, les uns et les autres ne pourront réclamer celles accordées par les Décrets pour les pères de familles.

Cet article prescrit de placer les manouvriers, artisans, marchands à boutiques ouvertes et de détail, et les commis ou employés à appointemens fixes, à deux classes au-dessous de celle où leur loyer les auroit mis ; mais cette disposition ne peut recevoir son application qu'autant que le loyer de ces citoyens n'excédera pas les taux fixés par le même article, et on ne pourra aussi cumuler en faveur d'un même citoyen, l'article précédent et celui-ci.

Il ne peut se présenter de difficulté dans l'exécution, qu'autant que le contribuable ne seroit pas bien connu, et qu'on lui supposeroit une profession qu'il

L 4

n'auroit pas ; mais la publicité des rôles arrêtera ces tentatives de fraude.

Au surplus, les dispositions de cet article ont été déterminées par les mêmes motifs que celles de l'article précédent. L'Assemblée nationale ayant adopté, pour base d'évaluation des revenus, les loyers d'habitation, n'a pu se dissimuler qu'un artisan, un marchand étoient obligés d'avoir, à raison de leurs états, des loyers qui n'avoient point la même proportion avec leurs revenus que pour les autres citoyens ; elle a été également convaincue que des commis ne pouvant se dispenser de prendre leur domicile auprès de leur bureau, devoient faire une dépense de loyer beaucoup au-dessus de la proportion ordinaire du revenu ; et dès-lors il étoit indispensable d'adopter pour ces citoyens, une évaluation particulière.

Il en résultera que le marchand qui aura boutique ouverte, et dont le loyer d'habitation sera de 1,100 livres, ne sera présumé avoir que 3,300 livres de revenu, et sera taxé pour sa cotte de revenus mobiliers, au sou pour livre de cette somme, s'il n'a point de déduction à prétendre pour revenus fonciers. De même, l'artisan qui auroit 600 livres de loyer d'habitation, ne sera présumé avoir que 1,200 livres de revenu, et sera taxé pour sa cotte de revenus mobiliers, au sou pour livre de cette somme, s'il n'a pas de déduction à demander pour propriétés foncières ; et de même pour les commis.

Mais s'il arrivoit qu'au moyen de cette déduction, un employé, un commis dont le salaire seroit public et notoire, se trouvât réduit à une taxation inférieure à ses appointemens, il faudroit toujours le taxer relativement à leur véritable produit, comme les autres salariés publics, sauf aussi à les faire jouir en ce cas, des avantages accordés aux pères de famille.

XXV. *Tout citoyen qui, d'après les dispositions des précédens articles, sera dans le cas de demander une déduction sur la taxe de facultés mobiliaires, à raison de son revenu foncier, ou de se faire taxer dans une classe inférieure à celle où son loyer le placeroit, sera*

L 5

tenu d'en justifier avant le 1.er décembre de chaque année.

Cet article renferme une disposition nécessaire pour accélérer la confection des rôles : tous ceux qui auront des déductions à demander , ou qui seront dans le cas de se faire taxer dans une classe inférieure à celle où leur loyer les placeroit , devront en justifier avant le 1.er décembre de chaque année.

XXVI. *Les célibataires seront placés dans la classe supérieure à celle où leur loyer les placeroit.*

L'article XXIII établit une exception de justice pour les pères de famille, en les plaçant dans une classe inférieure . celui-ci a le même caractère , en portant les célibataires à une classe supérieure ; l'application en sera tout aussi facile , quoiqu'elle soit en ordre inverse.

Le motif de cette disposition a été la présomption naturelle qu'un célibataire , pour être aussi bien logé qu'un père de famille de même fortune , n'étoit pas obligé à employer pour son habitation une aussi forte partie de son revenu.

Ainsi , quoiqu'un loyer de 1,000 liv.

(191)

soit du nombre de ceux de la 15.e classe, et ne suppose dès-lors qu'un revenu de 5,000 livres, un célibataire qui aura 1,000 liv. de loyer, sera cependant présumé avoir un revenu de 5,500 livres, comme si son loyer étoit du nombre de ceux de la 14.e classe, qui sont présumés être le cinquième et demi du revenu; cette disposition s'applique aux célibataires des deux sexes.

XXVII. *La partie de la Contribution qui sera établie à raison de l'habitation, sera du trois-centième du revenu présumé, d'après les loyers d'habitation.*

Après avoir traité successivement les quatre premières parties de la Contribution mobiliaire; savoir : celle des trois journées de travail, celle à raison des domestiques, celle des chevaux, celle des revenus d'industrie et de richesses immobiliaires, il reste la cinquième partie, la *Taxe d'habitation.*

La base de cette taxe est là même que celle des revenus mobiliers, c'est toujours le loyer d'habitation.

Ainsi celui qui, avec un loyer de 600 l.

L 6

sera présumé avoir 2,400 liv. de revenu,
devra être taxé à la cotte d'habitation,
au *trois centième* de 2,400 livres, c'est-
à-dire, à 8 livres.

Toutes les dispositions décrétées en
faveur des pères de famille, des artisans,
marchands et commis, de même que celles qui concernent les célibataires, sont
communes à la cotte d'habitation et à
celle des revenus mobiliers.

Ces deux cottes devant être fixées
d'après le revenu présumé, tout ce qui
sert à régler la présomption, s'applique
à l'une comme à l'autre.

Mais elles diffèrent, en ce que la
cotte d'habitation est fixée sur la totalité
des revenus, et sans déduction de ceux
qui proviennent de propriétés foncières,
au lieu que la cotte des revenus mobiliers ne peut s'étendre sur les revenus
de propriétés foncières.

Par exemple, le sieur Ange a 600 liv.
de loyer.

Son revenu, présumé d'après la *seizième* classe du tarif, est de 2,400 liv;

La cotte des revenus mobiliers au sou pour liv. de 120 l. ;
mais il justifie avoir 1,200 liv.

de rentes de propriétés foncières, sa taxe est fixée à . . . 60 liv.

Celle d'habitation est fixée,
sans déduction, au *trois centième* du revenu total de 2,400 l.
présumé d'après le loyer d'habitation de 600 liv. . . . . 8 liv.

Cependant cette taxe est susceptible
de diminution et d'augmentation. C'est
la disposition de l'article suivant, qui
sera rendu sensible par des exemples et
par le développement de ses motifs.

XXVIII. *La cotte d'habitation sera
susceptible d'augmentation et de diminution. On établira par addition, au
marc la livre, d'abord sur la cotte des
facultés mobiliaires, jusqu'au dix-huitième seulement, et ensuite sur la cotte
d'habitation, ce qui restera à répartir
au-delà du produit des autres cottes,
pour parfaire la cotisation générale de
chaque Municipalité; mais si le produit des diverses cottes de la contribution mobiliaire excède la somme assignée par le mandement, la répartition
de cet excédant sera faite par diminution au marc la livre sur la cotte d'ha-*

bitation , et ensuite au marc la livre sur la cotte des facultés mobiliaires , lorsque la totalité de la cotte d'habitation se trouvera absorbée.

Les cottes de trois journées de travail, celles des domestiques et celles des chevaux, sont invariablement fixées dans leur taxation.

Ainsi , pour la taxe de trois journées, on ne pourra demander à un citoyen que 3 livres , si la journée a été fixée à 20 s. ; de même pour la taxe des domestiques , on ne pourra demander que 3 liv. à celui qui en a un, 9 liv. à celui qui en a deux, et 21 liv. à celui qui en a trois ; enfin, pour chaque cheval de selle , on ne pourra taxer qu'à 3 liv. et à 12 livres pour chaque cheval de carrosse.

Si de même on ne pouvoit demander aux contribuables pour taxe de revenus mobiliers , que le sou pour livre de ces revenus , présumés d'après les bases décrétées ; si l'on ne pouvoit leur demander , pour la taxe d'habitation , que le 300.e de tous revenus présumés d'après les mêmes bases ; et si on leur demandoit toujours la totalité de ces taxes ,

arriveroit que la Contribution mobiliaire, au lieu de produire au Trésor
public une somme fixe et déterminée,
produiroit tantôt plus, tantôt moins ;
ce qui seroit contraire à l'article I.er du
présent Décret.

L'Assemblée Nationale, en décrétant
que la Contribution mobiliaire seroit
une somme fixe et déterminée, a voulu
prévenir tous les abus, dont le montant
incertain des contributions seroit la
source ; mais alors il est devenu indispensable de répartir graduellement entre
les Départemens, Districts et Municipalités, cette contribution par sommes
fixes. Il est devenu nécessaire de donner
ce moyen de compléter pour chaque
Municipalité sa cotisation générale, en
cas d'insuffisance du produit des diverses
taxes pour y atteindre ; enfin il a fallu
aussi donner le moyen de réduire les
taxes, lorsque leur produit excéderoit
la cotisation générale.

Tels ont été les principaux motifs de
cet article ; mais il faut observer, 1.º que
dans le cas d'insuffisance des diverses
taxes, l'Assemblée Nationale a décrété

que l'addition nécessaire pour atteindre
la cotisation générale, se feroit sur la
cotte des revenus mobiliers, jusqu'à ce
qu'au lieu du 20.ᵉ, ils eussent contri-
bué du 18.ᵉ; que ce ne seroit qu'après
cette première addition qu'on reporteroit
le surplus sur la taxe d'habitation.

Au reste, toute addition nécessaire
après celle qui portera au dix-huitième
la cotte des revenus mobiliers, doit
porter sur la cotte d'habitation, parce
que cette cotte est commune à tous les
citoyens, à tous les revenus, et que
c'est une cotte commune qui doit supporter l'excédant à répartir, lorsqu'on
a fait contribuer en égalité proportionnelle les revenus fonciers et mobiliers.

2º. Dans le cas où les diverses cottes
de la Contribution mobiliaire excéderoient la somme assignée à la Municipalité, on doit faire porter la diminution sur la taxe d'habitation, jusqu'à ce
qu'elle soit entièrement absorbée, avant
de la faire porter sur la taxe des revenus
mobiliers.

Il faut, en effet, décharger de la cotte
d'habitation un propriétaire de biens

fonds, avant que de décharger un propriétaire de richesses mobiliaires de la
cotte du sou pour livre de ses revenus.

Le premier a payé non-seulement la
cotte des trois journées de travail, et
celle des domestiques et chevaux, mais
encore une contribution foncière : le
second n'a payé que la cotte de trois
journées de travail, celle des domestiques
et des chevaux ; et ses revenus souvent
plus considérables que ceux du propriétaire foncier, n'ont rien payé et ne seront
spécialement atteints que par la taxe du
sou pour livre.

Enfin, pour présenter la facilité de
l'opération, en exécution de l'article
dont on vient de développer les motifs,
on joint à la présente des modèles co-
tés 2, 3, 4 et 5.

XXIX. *Nul ne sera taxé à la Con-*
tribution mobiliaire, qu'au lieu de sa
principale habitation, et sera considérée
comme habitation principale, celle dont
e loyer sera le plus cher : en consé-
quence, tout citoyen qui aura plusieurs
habitations, sera tenu de les déclarer
, chacune des Municipalités où elles

sont situées ; il indiquera celle dans laquelle il doit être imposé, et justifiera dans les six mois l'avoir été : si au surplus il a des domestiques et des chevaux dans différentes habitations, chaque Municipalité taxera dans son rôle ceux qui séjourneront habituellement dans son territoire.

Cet article ne demande aucune explication ; il a été déterminé par la nécessité de prévenir les abus. Les Municipalités devront veiller à son exécution, et ôter aux citoyens qui n'auroient pas assez de patriotisme pour se soumettre à la contribution commune, tout espoir d'y échapper.

XXX. La portion contributive assignée à chaque Département, sera répartie, par son Administration, entre les différens Districts qui lui sont subordonnés ; le contingent assigné à chaque District, sera pareillement réparti par son Administration, entre les Municipalités de son arrondissement ; et la cotte-part assignée à chaque Municipalité, sera répartie entre tous les habitans ayant domicile dans le terri-

(199)

...ire de la Municipalité, parmi lesquels, ...our faire la matrice du rôle, il sera ...mmé par le Conseil général de la ...ommune, des commissaires-adjoints, ... nombre égal à celui des officiers ...nicipaux.

...XXXI. Il sera retenu pour 1791, ...ns la totalité du royaume, sur le ...ontant de la Contribution mobiliaire, ...s deniers pour livre; et de cette ...mme, partie sera versée au Trésor ...blic, et l'autre restera à la disposi-...n de l'Administration de chaque ...partement.

Les deux articles précédens ne pré-...itent aussi que des dispositions dont ...pplication sera facile; ils ne sont que ...suite des articles VI et VIII.

TITRE III.

...iette de la Contribution mobiliaire de 1791.

XXXII. Aussitôt que les Municipa-...s auront reçu le présent Décret, et ...s attendre le mandement du Direc-...e de District, elles formeront un

état de tous les habitans domicilié
dans leur territoire ; elles le feront pu
blier, et le déposeront au greffe de l
Municipalité, où chacun en pourr
prendre connoissance.

XXXIII. Dans la quinzaine qu
suivra la publication, tous les habitan
feront ou feront faire, au secrétari
de la Municipalité, et dans la form
qui sera prescrite, une déclaration q
indiquera, 1°. s'ils ont ou non les fe
cultés équivalentes à celle qui peuve
donner la qualité de citoyen actif, 2.°
nombre de leurs domestiques ; 3.° cel
des chevaux et mulets de selle, «
carrosses, cabriolets et litières ; 4.°
situation et la valeur annuelle de le
habitation ; 5.° s'ils sont célibatai
ou non, et le nombre de leurs enfans
6.° s'ils sont manouvriers et artisans
marchands en détail, commis et en
ployés à appointemens fixes, ou sal
riés publics ; 7.° enfin pour ceux q
sont propriétaires, les sommes auxqu
les ils auront été taxés pour la Cont
bution foncière, dans les divers D
partemens.

XXXIV. *Ce délai passé, les Offi-*
ers municipaux avec les Commissai-
r-adjoints, procéderont à l'examen
es déclarations, suppléeront à celles
ui n'auront pas été faites, ou qui se-
ient incomplettes, d'après leurs con-
nissances locales et les preuves qu'ils
nurront se procurer.

XXXV. *Aussitôt que ces opérations*
ront terminées, les Officiers munici-
aux et les Commissaires-adjoints éta-
iront dans la matrice de rôle, en leur
me et conscience, 1.º la taxe des trois
ournées de travail pour ceux qui ont
es facultés équivalentes à celles qui
ieuvent donner la qualité de citoyen
ctif; 2.º ils ajouteront à l'article de
naque contribuable une taxe relative
u nombre de ses domestiques ; 3.º une
.xe relative au nombre de ses mulets et
sevaux de selle, de carrosses, cabrio-
its et litières ; 4.º ils évalueront la
xe d'habitation ; 5.º ils feront l'éva-
nation des revenus d'industrie et de
ichesses mobiliaires de chaque contri-
uable, sauf la déduction des revenus
nciers, suivant l'article XIX; 6.º si

après avoir établi ces différentes cotte
dans l'ordre qui vient d'être prescrit,
il restoit une portion de la somme fixée
par le mandement, à répartir en plus ou
en moins, la répartition en plus sera faite
lors de la confection du rôle, au marc
la livre, sur la cotte de facultés mobiliaires, jusqu'au dix-huitième, et ensuite sur la cotte d'habitation, conformément à l'article XXVIII ; et dans
le cas de diminution, elle sera faite
d'abord au marc la livre de la cotte
d'habitation, et ensuite de celle de
facultés mobiliaires.

XXXVI. Les Officiers municipaux
avec les Commissaires-adjoints, procéderont, aussitôt que le mandement du
Directoire de District leur sera parvenu,
à la confection de la matrice de rôle,
conformément aux instructions du Directoire de Département, qui seront
jointes au mandement ; et lorsque cette
matrice de rôle sera terminée, elle sera
déposée pendant huit jours au secrétariat de la Municipalité, où chaque
contribuable pourra en prendre connoissance et la contredire. Après ce délai,

es *Officiers municipaux arrêteront dé-*
finitivement le projet, le signeront et
renverront au Directoire de District.

La forme des rôles, le nombre de
eurs expéditions, de leur envoi, leur
dépôt, et la manière dont ils seront
rendus exécutoires, seront réglées par
Instruction de l'Assemblée Nationale.

Ces articles fixent l'ordre des opérations que les Municipalités et les Corps
Administratifs ont à suivre pour la rédaction des rôles de la Contribution mobi-
aire.

Ainsi en exécution de l'art. XXXII,
chaque Municipalité devra former, à la
réception du Décret, un état de tous
les habitans domiciliés dans son territoire, et le faire publier et déposer à
son secrétariat, pour que chacun puisse
s'en prendre connoissance. Tous ceux
qui jouissent de leurs droits, doivent
être compris dans cet état, quand bien
même ils ne seroient pas dans le cas de
payer la taxe de trois journées de travail; alors leur nom doit être reporté
à la fin du rôle.

Les enfans qui n'ont aucun état ni

profession , et qui demeurent chez leur père , sont les seuls à excepter.

L'Instruction sur la Contribution foncière ayant déjà prescrit aux Municipalités de former des sections de leur territoire pour faciliter la confection de leurs rôles , elles peuvent de même faire l'état de leurs citoyens d'après ces divisions.

Les Municipalités doivent ensuite faire publier cet état , et le déposer au greffe, pour mettre à lieu de réclamer ceux qui y auroient été compris mal-à-propos , et faire indiquer ceux qui auroient pu y être omis.

L'article XXXIII prescrit à tous les citoyens des déclarations à faire au secrétariat de la Municipalité , dans la quinzaine de la publication de l'état des habitans. Ces déclarations doivent être faites avec empressement, puisqu'elles n'ont pour objet que de faire connoître la vérité , et qu'elles sont nécessaires pour faire obtenir aux contribuables les justes déductions qui leur seront dues. L'objet en est détaillé dans le modèle annexé (N.º I). Ce n'est pas ici une invention fiscale qui puisse tendre à faire supporter

ter à la bonne foi des surtaxes. Tout
ce que l'Assemblée Nationale désire ,
est de parvenir à établir dans les contributions la plus scrupuleuse égalité.

Le délai pour les déclarations étant
passé , les Officiers municipaux avec les
Commissaires - adjoints , procéderont à
leur examen , suppléeront celles qui
n'auront pas été faites ou qui seront incomplettes.

Toutes ces opérations peuvent être
regardées comme préalables à l'assiette
de la contribution qui , suivant l'article
XXXV , doit d'abord être établie par
une matrice de rôle.

Le modèle de matrice annexé à la présente , donne une grande facilité pour
le mécanisme d'exécution. On a placé le
nom du contribuable entre les colonnes
de taxes fixes d'un côté , et des taxes
variables de l'autre.

On y a joint les indications des différentes *exceptions*. Mais comme les unes
frappent tout à la fois la cotte mobiliaire et la cotte d'habitation , et que
l'exception qui concerne les propriétaires
fonciers ne peut porter que sur la cotte

M

mobiliaire et non pas sur la cotte d'habitation, on a placé les premières *exceptions* immédiatement sous l'article
du contribuable, comme devant servir à
fixer son revenu imposable, et on a
placé l'autre dans une colonne parallèle
et sous la cotte mobiliaire, comme ne
devant avoir d'application qu'à cette cotté.

Les premiers articles sont en blanc ;
on peut les appliquer à toutes les espèces. Les articles suivans en sont la
preuve. Celui de *Henriot* fournit l'exemple d'un contribuable qui n'a aucune exception à proposer, et dans ce cas, en
procédant à la matrice de rôle, on raye
l'exception. Celui d'*Adam* présente l'e-
xemple d'un père de famille de quatre
enfans. L'article de *le Blanc*, fournit
l'exemple d'un célibataire, et enfin celui
de *Legris* fournit l'exemple d'un père
de sept enfans. Il peut s'assimiler sous
ce rapport, à celui de manouvrier, artisan, marchand en détail, commis ou
employé à appointemens fixes, en ce que
dans tous ces cas, les contribuables sont
portés à deux classes inférieures ; mais
cet article présente de plus l'exemple de

la déduction pour propriétés foncières ;
et enfin celui de l'application de l'article XXI, qui prescrit de taxer les salaires publics sur leur véritable produit,
sans aucune déduction, et lors même
que le loyer d'habitation ne présenteroit
pas une évaluation de facultés mobiliaires aussi considérable que ce salaire ou
traitement.

Les opérations des Municipalités se
termineront, en établissant à l'article de
chaque contribuable ses cottes fixes, en
évaluant son loyer d'habitation et son revenu, en statuant sur les exceptions personnelles qui peuvent augmenter ou diminuer l'évaluation du revenu, et fixant
ensuite sa cotte d'habitation au *trois
centième*; enfin en taxant au sou pour
livre les mêmes revenus, et accordant
aux propriétaires les déductions proportionnelles à leurs revenus fonciers.

Il ne leur restera, après ces opérations, qu'à déposer leur matrice de rôle
au greffe de la Municipalité pendant huit
jours, où chaque contribuable pourra
en prendre communication, et donner
ses observations. Les Municipalités dé‑

M 2

libéreront après ce délai, sur les observations qui auront pu être faites, arrêteront définitivement leur projet, et l'enverront aux Districts.

Il résultera de ces matrices de rôles
une connoissance exacte des revenus imposables dans chaque Municipalité à la
Contribution mobiliaire, suivant les diverses taxes dont elle est composée ;
mais, comme il pourroit arriver que le
produit de ces taxes seroit inférieur ou
supérieur à la cotisation que la Municipalité aura à supporter par la répartition
générale, les Districts y pourvoiront,
en portant à leur juste proportion les
cottes mobiliaires ou d'habitation qui
sont en conséquence susceptibles d'augmentation ou de diminution.

C'est-là en effet une des principales
fonctions de ces Corps administratifs ;
mais ce n'est pas encore le moment de
songer à cette dernière formalité. L'Assemblée Nationale ne demande aux Municipalités et Corps administratifs que de
préparer la confection des rôles ; bientôt
elle décrétera la somme de la Contribution mobiliaire, et en fera la répartition

alors il sera facile de donner la dernière main à ce travail.

Ainsi, tout ce que l'Assemblée Nationale attend du zèle des Municipalités, n'est qu'une préparation ; mais on ne peut trop se presser de la faire : c'est le moyen le plus sûr de concourir au succès de la révolution.

XXXVII. *Les Administrateurs de Département et de District surveilleront et presseront avec la plus grande activité toutes les opérations ci-dessus prescrites aux Municipalités.*

Cet article prescrit aux administrations de District et de Département de surveiller et presser ces opérations préliminaires.

Les Corps administratifs établis par la Constitution et le suffrage des citoyens, continueront sans doute de donner des preuves de leur dévouement à la chose publique, en secondant de tous leurs efforts une opération dont ils doivent reconnoître la nécessité et les avantages.

(*Les modèles et tableaux cités dans cette instruction n'ont pas paru devoir être insérés ici, soit à cause du for-*

mat , soit parce qu'étant habituellement dans les mains des personnes
chargées de la confection des rôles ou
de la perception , ils sont suffisamment
connus de tous ceux auxquels ils peuvent être nécessaires.)

L'ASSEMBLÉE NATIONALE décrète que
les articles , avec les amendemens adop-
tés , et l'Instruction et modèles y mentionnés et annexés , seront imprimés ,
et a chargé son Président de les porter
sans délai à l'acceptation du Roi.

LOI

DU 6 AVRIL 1791 ,

*Contenant des articles additionnels à
celle de la Contribution mobiliaire.*

LOUIS, par la grâce de Dieu , etc.

Décret du 30 Mars 1791.

*Articles additionnels à la Loi de la
Contribution mobiliaire.*

LES personnes qui, pour l'exercice de
leur profession, occuperont des atteliers,

chantiers, boutiques et magasins, seront tenues d'en déclarer la valeur locative, en même-temps qu'elles feront la déclaration de la situation et valeur annuelle de leur habitation, ainsi qu'elle est prescrite par l'article XXXIII de la Loi concernant la contribution mobiliaire. Les Officiers municipaux, avec les Commissaires adjoints, suppléeront ou rectifieront les déclarations prescrites par le présent article, quand il y aura lieu, ainsi qu'il est prescrit par l'art. XXXIV.

Nul ne pourra être admis à faire déduire de la contribution mobiliaire, la taxe proportionnelle à la valeur locative de ses atteliers, chantiers, boutiques et magasins, si la déclaration qu'il a dû faire de leur valeur locative pour obtenir sa patente, n'a été trouvée exacte.

Le présent Décret sera porté à l'acceptation du Roi.

LOI
DU 3 JUIN 1791,
Relative aux Contributions.

LOUIS, par la grâce de Dieu, etc.
Décret du 27 Mai 1791.

L'ASSEMBLÉE NATIONALE décrète que tout contribuable qui justifiera avoir été taxé dans le rôle, et à raison du principal de la contribution mobiliaire sur sa cotte d'habitation, à une somme plus forte que le quarantième de son revenu présumé d'après les loyers d'habitation, aura droit à une réduction, en se conformant aux règles qui ont été et qui seront prescrites.

LOI
DU 18 AOUT 1791,
Relative au paiement des sommes séquestrées et déposées.

LOUIS, par la grâce de Dieu, etc.
Décret du 5 Août 1791.

L'ASSEMBLÉE NATIONALE décrète que tous huissiers-priseurs, receveurs des onsignations, commissaires aux saisies béelles, notaires-séquestres, et tous autres dépositaires de deniers, ne remettront aux héritiers, créanciers et autres personnes, ayant droit de toucher les sommes séquestrées et déposées, qu'en justifiant du payement des impositions mobiliaires et contribution patriotique dues par les personnes du chef desquelles lesdites sommes seront provenues: seront même autorisés, en tant que de besoin, lesdits séquestres et dépositaires, à payer directement les contributions qui se trouveroient dues avant de procéder à la délivrance des deniers ; et les quittances desdites contributions leur seront passées en compte.

Décrète en outre, que les réglemens ci-devant faits pour la sûreté du recouvrement des impositions personnelles, notamment dans la ville de Paris, relativement aux déclarations que doivent faire les propriétaires et les principaux locataires, seront exécutées provisoirement, et tant qu'il n'y aura pas été dérogé.

EXTRAIT D'UNE INSTRUCTION

PUBLIÉE PAR ORDRE DU ROI.

Principes généraux de la Contribution Mobiliaire.

La Loi du 18 février 1791, concernant la *Contribution mobiliaire*, ainsi que l'Instruction et les Modèles qui l'accompagnent, établissent les principes, les bases et les formes de cette Contribution.

Le but de cette Contribution est d'atteindre les revenus qui, par leur nature, ne peuvent être soumis à la Contribution foncière. Tous les revenus profitent de la protection publique ; il est donc juste que tous contribuent à la dépense commune.

L'article III de la Loi du 18 février 1791, indique d'abord comment la Contribution mobiliaire se divise en *deux parties* ; l'une, commune à tous les habitans domiciliés dans chaque Commu-

...té ; l'autre uniquement relative aux ...aires publics et privés, et aux reve-...s d'industrie et de fonds mobiliers.

La *partie commune à tous les habi*...s, a pour base de répartition, ainsi ...e l'explique l'article IV :

1.º Les facultés équivalentes à celles ...i peuvent donner la qualité de Citoyen ...if, le nombre des domestiques, et ...ui des chevaux ou mulets de selle, ...rosse, litière ou cabriolet.

2.º La valeur annuelle de l'habitation, ...e suivant le prix du bail, ou l'esti-...tion qui en sera faite.

La *partie uniquement relative aux* ...*aires publics et privés, aux revenus* ...*d'industrie ou de richesses mobiliaires,* ...qui doit composer la *Cotte* dite *mo-* ...*ilaire*, a pour base ces revenus éva-...s d'après la *Cotte d'habitation*.

Il est essentiel de bien se pénétrer de ...e première distinction, avant d'exa-...ner et d'étudier le caractère et les rè-...s de chaque nature de Cottes.

...a *partie* de la Contribution mobi-...re, *qui est commune à tous les ha-*...*ans*, comprend trois *Taxes fixes* et ...*Cotte d'habitation*.

La Taxe fixe *à raison des facultés*
équivalentes à celles qui peuvent donner
le titre de Citoyen actif, est réglée à
la valeur de *trois journées de travail*,
dont le taux, aux termes de l'art. X.
de la Loi, doit être proposé par l'administration de chaque District pour les
Municipalités de son territoire, et arrêté
par l'administration du Département.

La Taxe fixe *à raison des domesti-*
ques, est déterminée, d'une manière
uniforme pour tout le Royaume, par
l'article XIV de la Loi, en distinguant
le sexe des domestiques et leur nombre.

La Taxe fixe *à raison des chevaux*
et mulets de selle, *de carrosse*, à
litière ou cabriolet, est de même réglée
par l'article XV, en distinguant la nature de leur service.

Enfin, la *Cotte d'habitation*, qui,
comme les trois Taxes fixes dont il
vient d'être parlé, est commune à tous
les habitans, est réglée par l'art. XXVII
au *trois-centième* de la totalité du revenu présumé d'après les loyers d'habitations, de quelque nature que soit ce
revenu.

L'article

L'article XVIII de la Loi, établit les règles de cette évaluation présumée du revenu de chaque contribuable, d'après le montant du loyer.

Les loyers y sont distribués en dix-huit classes, dont la première comprend ceux de 12,000 liv. et au-dessus, et la dix-huitième et dernière, ceux au-dessous de 100 livres.

Après avoir ainsi parcouru dans tous les détails, la partie de la Contribution *qui est commune à tous les habitans*, il ne reste plus qu'à examiner les règles de la *Cotte mobiliaire*, qui ne doit être payée que *par ceux des habitans qui ont des salaires publics ou privés, des revenus d'industrie ou autres richesses mobiliaires*.

Le taux de la *Cotte mobiliaire* a été fixé pour 1791, par l'article XVI, *au vingtième ou sou pour livre* du montant des revenus présumés d'après les loyers d'habitation, et pourra même être porté au *dix-huitième*.

C'est ici que l'on doit s'arrêter un instant, pour bien saisir le caractère de

N

la Contribution mobiliaire , en se péné-
trant des principes de justice et de sa-
gesse qui ont dirigé la combinaison des
règles de sa répartition.

Un Citoyen domicilié dans une Communauté , peut né posséder que des revenus *fonciers* : sa fortune peut aussi con-
sister , *partie* en revenus *fonciers* , et
partie en revenus *industriels* : enfin , il
peut n'avoir que des revenus *industriels
ou mobiliers.*

Cependant , le revenu présumé d'a-
près son loyer , suivant la proportion
fixée par l'article XVIII , est son revenu
total ; ainsi , par exemple , si son loyer
est de 1000 liv. , ce loyer étant censé
être du cinquième du revenu , son revenu
total sera présumé être de . . . 5000 l.

Mais tout ce revenu peut être en biens-
fonds ;

Ou bien ce Citoyen n'a de revenu foncier que 3500 liv. et les 1500 liv. d'excédant proviennent d'un salaire public ou
privé , ou de tout autre revenu mobilier
ou industriel.

Ou bien il est uniquement commerçant , et ces 5000 liv. sont le produit
annuel de son industrie.

Dans le premier cas , nulle portion du revenu de 5000 liv. dont il s'agit , ne doit être frappée de la *Cotte mobiliaire,* puisqu'il est en totalité soumis à la Contribution foncière.

Dans le second cas , la *Cotte mobiliaire* ne doit porter que sur les 1500 l. provenant d'un salaire public ou privé, ou d'autre richesse mobiliaire.

Dans le troisième cas , ce Citoyen doit acquitter la *Cotte mobiliaire* à raison de la totalité de son revenu de 5000 liv., parce qu'il est uniquement mobiliaire ou industriel.

C'est d'après ces principes de justice, que l'article XIX de la Loi ordonne qu'à l'égard de tous les contribuables qui justifieront être imposés aux rôles de la Contribution foncière , il leur sera fait , dans le réglement de la *Cotte mobiliaire* , une déduction proportionnelle à leur revenu *foncier.*

Tel est le résumé succint des principes généraux et caractéristiques de la Contribution mobiliaire.

N 2

Table *alphabétique et raisonnée de la Contribution Mobiliaire.*

A

APPRENTIS : ne doivent pas être compris dans le nombre des Domestiques à raison desquels est dûe la seconde taxe fixe de la Contribution mobiliaire. *Voyez* DOMESTIQUES.

ARTISAN , MANOUVRIER , etc. Les artisans, manouvriers, marchands en détail, commis et employés à appointemens fixes , doivent être placés dans le tarif des loyers à deux classes au-dessous de celle où leur loyer les placeroit ; mais , 1.º cette exception ne peut être cumulée avec celle accordée aux pères de famille ; 2.º elle n'a lieu (*Art. XXIV.*) que quand le loyer n'excède pas.

Pour Paris. . . . . 1200^l.
Pour les villes de 60 mille ames. 800.
Pour celles de 30 à 60 mille. 500.

Pour celles de 20 à 3o mille. 400.

Pour celles de 10 à 20 mille. 200.

Pour celles au-dessous de 10 mille ames. . . . . . . 100.

— Lorsque les artisans, etc., se trouvent dans la dernière classe du tarif, leur cotte doit être réduite à moitié de celle que leur loyer établiroit. *Ibid.*

— Les personnes qui sont dans le cas de réclamer ces exceptions, doivent le faire avant le 1.er décembre de chaque année. *Art. XXV.*

ATTELIERS. *Voyez* BOUTIQUE.

AUBERGE, HOTELLERIE, etc. Celui qui tient *hôtellerie, auberge*, pensionnat ou hôtel garni, ne prend tout le local qu'exige ce genre d'établissement, que par spéculation des loyers qu'il pourra retirer de ceux qu'il logera : c'est un genre d'entreprise.

Ainsi le montant total des loyers des bâtimens et accessoires dont se compose *l'auberge* ou *l'hôtellerie* qu'il tient, ne doit pas être pris pour base de sa cotisation. L'estimation de son loyer doit être réduite à ce qui lui sert véritablement d'habitation, le surplus doit être considéré comme atteliers et magasins. *Instruction. Art. XVI.*

B

BOUTIQUE. On ne doit pas comprendre, dans le prix d'habitation, pour établir la *Cotte d'habitation* et la *Cotte mobiliaire* d'un commerçant, marchand, etc. les *boutiques*, échopes ou etaux, atteliers, hangars, chantiers, magasins, greniers et caves servant de magasins. On ne peut pas prendre, en effet, pour présomption de richesse, le loyer d'un attelier ou autre emplacement du même genre, attendu que l'on ne loue pas ces sortes d'objets en raison du revenu dont on jouit déjà, mais bien dans l'intention d'acquérir, dans la profession dont l'exercice exige ces atteliers, le revenu dont on a besoin ou que l'on désire. Ainsi, les *boutiques* ne font pas partie de l'habitation proprement dite, et ne doivent pas entrer dans l'évaluation du loyer de l'habitation. *Inst. Art.* XVI.

C

CAVE (servant de magasin.) *Voyez* BOUTIQUE.

CÉLIBATAIRES. Les *Célibataires* de l'un et l'autre sexe, sont présumés avoir un loyer moins fort que ne le comporte leur fortune, et doivent par cette raison être portés dans une classe supérieure à celle où leur loyer les placeroit. *Art. XXVI. Voyez* LOYER.

CHANTIER. *Voyez* BOUTIQUE.

CHARRUE. *Voyez* CHEVAUX et VALETS DE CHARRUE.

CHEF DE FAMILLE. Un contribuable chargé d'une nombreuse famille, est présumé avoir une habitation plus étendue et plus chère ; en conséquence, s'il a chez lui ou à sa charge plus de *trois* enfans, il doit être placé dans la classe du tarif inférieure à celle où son loyer le feroit placer. S'il a chez lui ou à sa charge plus de *six* enfans, il doit être placé à deux classes au-dessous de celle de son loyer. *Art. XXIII.* — S'il se trouve placé dans la dernière classe, sa cotte d'habitation et sa cotte mobiliaire doivent être réduites à moitié de celle résultante de son loyer. *Instruc. Art. XXIII.* — Si, étant salarié public, son salaire excède l'évaluation à laquelle son

N 4

revenu auroit été réduit par les exceptions ci-dessus, alors nul doute qu'il ne doive être imposé d'après le montant de ce salaire public. *Inst. Art. XXIII* — *Voyez* FONCTIONNAIRES PUBLICS.

CHEVAUX ou MULETS. La Taxe à raison des *chevaux* et *mulets* de selle, de carrosse, de litière ou cabriolet, est une des trois taxes fixes de la Contribution mobiliaire, communes à tous les habitans. *Art. IV.* — Par chaque cheval ou mulet de selle, 3 liv., et par chaque cheval ou mulet de carrosse, litière ou cabriolet, 12 liv. *Art. XV.* — Cette taxe ne doit pas porter sur les *chevaux* et *mulets* de louage, etc., ni sur les chevaux de charrue et autres bêtes de somme, ni enfin sur les élèves et haras de toute espèce *Instruc. Art. XV.* — Ni sur les *chevaux de selle* des officiers des Troupes de ligne, à moins qu'ils n'en ayent un plus grand nombre que l'Ordonnance leur accorde de places de fourrages. *Instruc. Art. XV.* — Mais les *chevaux* de voiture de ces officiers doivent être taxés (*Ibid*) — Les contribuables qui auront un ou plusieurs *chevaux*

dans d'autres Municipalités que celle
dans laquelle ils seront taxés personnellement, seront d'ailleurs cotisés dans
ces mêmes Municipalités à raison de ces
chevaux. *Art. XXIX. Insruc. Art.
XV.*

CLERCS (d'avoués , de notaires , etc.)
Voyez APPRENTIS.

COLLÉGE. *Voyez* PENSIONNAT.

COMMIS et EMPLOYÉS : doivent
être placés dans le tarif des loyers à deux
classes au-dessous de celle où leur loyer
les placeroit ; mais 1.º cette exception
ne peut être cumulée avec celle accordée
aux pères de famille ; 2.º elle n'a lieu
(*Art. XXIV.*) que quand le loyer
n'excède pas ;

Pour Paris . . . . 1200l.
Pour les villes de 60 mille ames 800.
Pour celles de 30 à 60 mille. 300.
Pour celles de 20 à 30 mille . 400.
Pour celles de 10 à 20 mille 200.
Pour celles au-dessous de 10 mille
ames . . . . 100.

— Lorsque les *commis* et *employés* se
trouvent dans la dernière classe du tarif,
leur cotte doit être réduite à moitié de

N 5

celle que leur loyer établiroit. *Ibid.* —
Les commis et employés qui sont dans
le cas de réclamer ces exceptions , doivent le faire avant le 1.ᵉʳ décembre de
chaque année. *Art. XXV. Voy.* FONC-
TIONNAIRES PUBLICS.

COMMISSAIRES DU ROI (près les
tribunaux.) *Voyez* FONCTIONNAIRES
PUBLICS.

COMMISSAIRES DU ROI ; (et tous
autres Administrateurs choisis par le Roi,
pour suivre , diriger , inspecter une partie d'Administration :) leurs facultés
mobiliaires ne peuvent jamais , et en aucun cas, être évalués, pour le règlement
de leur cotte mobiliaire , au-dessous du
montant de leur salaire. *Voyez* FONC-
TIONNAIRES PUBLICS.

COMMISSION : est l'acte par lequel
l'administration de Département fixe chaque année le *Contingent* de chaque District dans la Contribution mobiliaire , et
enjoint à l'administration de chacun des
Districts , d'en faire la répartition entre
les différentes Municipalités de leur
arrondissement. *Voyez* DÉPARTEMENT.

COMMISSAIRES-ADJOINTS : doivent être nommés par le Conseil général de la Commune, en nombre égal à celui des officiers Municipaux, pour concourir aux différentes opérations des officiers Municipaux, relatives à la répartition de la Contribution mobiliaire. *Voyez* MUNICIPALITÉ.

COMPAGNONS (d'arts et métiers :) ne doivent pas être compris dans le nombre de domestiques, à raison desquels est due la seconde taxe fixe de la Contribution mobiliaire. *Voyez* DOMESTIQUES.

CONTINGENT : est la somme assignée à chaque District dans la Contribution mobiliaire, par la *Commission* de l'Administration de Département. *Voy.* COMMISSION et DÉPARTEMENT.

CONTRIBUTION MOBILIAIRE : établie à compter du 1.er janvier 1791. *Art. I.* — Chaque Législature en fixera annuellement le montant, *Art. II.* —. Sa répartition porte sur cinq bases : 1.º les facultés équivalentes à celles qui donnent le titre de citoyen actif; 2.º le nombre des domestiques; 3.º celui des chevaux ou mulets de selle, carrosse, li-

N 6

tière ou cabriolet ; 4.º la valeur de l'habitation ; 5.º les salaires publics ou privés , et les revenus d'industrie ou de fonds mobiliers. *Art. IV et V et Instr. Art. XI.* — Doit être établie par chaque contribuable, au lieu de la principale habitation , qui est celle dont le loyer est le plus cher. *Art. XXIX.* — Payable de janvier en janvier, en douze portions égales exigibles le dernier de chaque mois. *Art. XLVII.* —Tout contribuable en retard à la fin de chaque trimestre , contraignable par saisie de meubles et effets mobiliers , après l'expiration de la première huitaine qui suivra ce trimestre. *Art. XLIX.* — Les administrations de Département et de District , ainsi que les Municipalités tenues , sous peine de forfaiture et de responsabilité personnelle , de répartir la portion qui leur aura été assignée dans cette contribution. *Art. VIII.* — La Contribution mobiliaire payable provisoirement , sauf à se pourvoir en décharge , réduction, etc. *Art. IX.*

COTTE : est la somme assignée à chaque contribuable, dans la Contribution mobiliaire, par le rôle de la communauté. *Voyez* Rôle et Département.

La cotte de chaque contribuable doit présenter l'indication de ce qui lui est demandé pour les *Taxes fixes*, pour la *cotte d'habitation* et pour la *cotte mobiliaire. Voyez* Cotte d'habitation, Cotte moailiaire, journée de travail, domestiques, chevaux.

COTTE D'HABITATION. La taxe à raison de l'habitation, est une des deux taxes variables de la Contribution mobiliaire. *Art. IV et XXVII.* — Elle est du *trois centième* du revenu présumé d'après les loyers d'habitation, et ne peut être établie que sur ce pied dans la matrice du rôle. *Art. XXVII.* — Sa base est la même que celle de la taxe d'industrie et de richesses mobiliaires. *Voy.* Loyer. — Elle diffère cependant de la cotte mobiliaire, en ce qu'elle s'étend sur la totalité des revenus, sans déduction de ceux provenant des propriétés foncières, tandis que la cotte mobiliaire ne peut jamais frapper que sur les revenus industriels ou mobiliers. *Instruc. art.*

XXVII. C'est par cette raison que la *cotte d'habitation* est une des taxes déclarées communes à tous les habitans. *Art.* IV. — Elle est susceptible, lors de la rédaction du rôle, d'augmentation ou de diminution ; savoir : *d'augmentation*, pour compléter la cotisation générale de la Municipalité, en cas d'inssuffisance du produit des cinq taxes, et après toutefois que la Cotte mobiliaire aura été élevée jusqu'au dix - huitième ; *de diminution*, lorsque la cotisation générale aura été excédée par le produit des différentes taxes ci-dessus. *Art.* XXVIII.

COTTE MOBILIAIRE. La Cote dite *mobiliaire*, est celle qui a pour base les salaires publics ou privés, les revenus d'industrie ou richesses mobiliaires. *Art.* V. — Ainsi elle doit être payée par les Ministres du Roi, les administrateurs des Directoires, les juges, les fonctionnaires du culte, les officiers des troupes de ligne, ceux de la marine, etc. etc. *pour leurs salaires publics.* — Par les commis, régisseurs, employers, caissiers, etc. etc. pour leurs *salaires publics ou privés.* — Par les commerçans,

avoués , notaires , artistes , artisans , etc.
pour leur industrie. — Par les capita-
listes , et enfin par tous ceux des citoyens qui ont d'autres revenus que des
revenus fonciers , pour *leurs richesses
mobiliaires. Instr. Art.* V *et* XXI.

La *cotte mobiliaire* doit toujours être
établie dans la matrice du rôle , sur le
pied du vingtième ou sou pour livre du
montant des revenus d'industrie , présumé d'après le loyer d'habitation. *Art.*
XVI. — *Voyez* LOYER. — Mais en cas
d'insuffisance du produit des cinq différentes taxes de la Contribution mobili-
aiaire établie par la matrice du rôle , la
Cotte mobiliaire devra , lors de la rédaction du rôle , être élevée jusqu'au
dix-huitième , avant qu'il puisse être fait
aucun rejet en augmentation sur la Cotte
d'habitation. (*Ibid.*) La Cotte mobiliaire
sera aussi susceptible de diminution , et
par conséquent pourra être réduite au-
dessous du vingtième , mais seulement
après que la Cotte d'habitation aura été
absorbée. *Art.* XXVIII.—Tout citoyen
cotisé à la contribution foncière , ne devant point contribuer deux fois pour le

même revenu, a droit, lors du règlement de la Cotte mobiliaire, de demander qu'il soit fait sur l'évaluation totale
de son revenu, résultante de son loyer,
distraction de la portion de ce revenu
qui est uniquement foncière. *Art.* XIX.
et Instruct. Art. XIX et XX. — Cette
déduction se fera, pour l'année 1791,
à l'égard des propriétaires domiciliés dans
les pays ci-devant assujettis aux vingtièmes, sur la présentation qu'ils feront de
leur quittance de vingtièmes, à l'égard
des propriétaires des pays dans lesquels il n'existoit pas de contribution
foncière ou de contribution fixée par quotité du revenu foncier, sur leur déclaration, communiquée à la Municipalité
de la situation des biens, et certifiée
par elle. *Art.* XX et *Inst. Art. id.* —
La déduction dont il s'agit devant être
faite dans la matrice du rôle, et avant
que le rôle soit rédigé et rendu exécutoire, tout citoyen qui ne l'aura pas réclamé, pour 1791, dans la quinzaine
qui aura suivi la publication de l'état des
habitans, et pour les années suivantes,
avant le 1.er décembre, *en sera déchu*

de droit, attendu la difficulté d'opérer cette déduction après l'arrêté des rôles. *Instruc. Art.* XX.

COTTE-PART : est la somme assignée à chaque Municipalité dans la Contribution mobiliaire par le *mandement* de l'Administration de District. *Voyez* MANDEMENT et DÉPARTEMENT.

CURÉ. *Voyez* FONCTIONNAIRES PUBLICS.

D

DÉCHARGE : (ordonnance de) est une suppression de coïte, qui non-seulement porte sur le rôle actuel, mais doit encore influer sur la rédaction du rôle des années subséquentes.

Pour perfectionner leur répartition, les Directoires de Districts et les Municipalités doivent tenir des notes exactes des *ordonnances de décharge* qui auront été accordées, afin de s'y conformer lors de la répartition des années subséquentes.

Lorsqu'un contribuable a été taxé à la Contribution mobiliaire dans une Municipalité où il ne devoit pas l'être, il est

en droit de réclamer une *ordonnance de*
décharge. Voyez RÉCLAMATIONS.

DÉCLARATIONS. Tout contribua-
ble doit, dans la quinzaine qui suivra la
publication du mandement du Directoire
de District, déclarer : 1.º s'il a ou non
les qualités équivalentes à celles qui
peuvent donner la qualité de citoyen actif ; 2.º le nombre de ses domestiques ;
3.º celui des chevaux ou mulets de selle,
cabriolet et litière ; 4.º la situation et
la valeur annuelle de son habitation ;
5.º s'il est célibataire ou non, et le nombre de ses enfans ; 6.º s'il est manouvrier
et artisan, marchand en détail, commis
et employé à appointemens fixes, ou
salarié public.

Le citoyen propriétaire de biens-fonds
doit également, dans le même délai, déclarer le revenu pour lequel il justifiera
avoir été taxé à la Contribution foncière.
Art. XXXIII.

Ces déclarations seront examinées par
les officiers Municipaux et les Commissaires-adjoints. *Art.* XXXIV. — Ces
mêmes officiers Municipaux et Commissaires, doivent suppléer aux déclarations

qui n'auroient pas été faites ou qui seroient incomplettes. *Ibid.* — Tout contribuable ayant plusieurs habitations, est
tenu de les déclarer à chacune des Municipalités où elles sont situées, d'indiquer celle dans laquelle il doit être imposé, et de justifier, dans six mois, aux
Municipalités où il ne réside pas habituellement, qu'il est cotisé dans celle de son
principal domicile. *Art.* XXIX.

DÉCRET : (en matière de répartition)
»est l'acte par lequel la Législature fixe
»chaque année la *portion contributive* de
»chaque Département, dans le total de la
»Contribution mobiliaire déterminée pour
»tout le Royaume. *Voy.* DÉPARTEMENT.

DIRECTOIRES.(administrateurs de)
Voy. FONCTIONNAIRES PUBLICS.

DOMESTIQUES. La taxe à raison
des domestiques, est une des trois taxes
fixes de la Contribution mobiliaire, commune à tous les habitans. *Art.* IV. —
Elle n'est point la taxe de domestiques,
mais une taxe à raison des domestiques,
qui conséquemment est à la charge du
citoyen cotisé. *Art.* XIV. — *Domesti-*
ques mâles : par un seul 3 liv. ; pour le

second, 6 liv. ; pour chacun dés autres, 12 livres. *Art. id.* — *Domestiques femelles :* pour une seule, 1 liv. 10 sous ; pour la seconde, 3 liv. ; pour chacune des autres, 6 liv. *Art. id.* — Les citoyens ne seront point cotisés eu égard aux domestiques de l'un ou de l'autre sexe ayant plus de 60 ans. *Art. XIV.* — Les contribuables qui auront un ou plusieurs domestiques, dans d'autres Municipalités que celle où ils seront personnellement cotisés, le seront d'ailleurs dans ces Municipalités à raison de ces domestiques. *Art. XXIX.* — Dans le cas où un citoyen auroit trois domestiques, deux dans la municipalité où il est cotisé, et un dans une autre municipalité, ces deux nombres resteront toujours isolés pour l'application de taxe progressive ; ainsi pour les deux domestiques de la première municipalité, en supposant que tous deux soient domestiques mâles, il payera 3 liv. et 6 liv. ; et pour celui qu'il a dans l'autre communauté, il payera 3 liv. et non 12 liv. *Instruc. Art. XV.* — Les Domestiques de charrue et autres destinés à la cultures des terres et des jardins , ceux qui sont chargés de la garde et du soin des bestiaux, les garçons de moulins et usines, les apprentifs et compagnons , ne doivent pas être compromis au nombre des Domestiques , à raison desquels est due la taxe dite des *Domestiques*. *Art.* XIV. *Instruc. Art. idem.*

E

ÉCHOPPE. *Voyez* BOUTIQUE.

ÉTAL. *Voyez* BOUTIQUES.

ÉTALONS. *Voyez* POULAINS et CHEVAUX.

EVEQUE. *voyez* FONCTIONNAIRES PUBLICS.

F

FEMMES SÉPARÉES. *voyez* MINEURS et JOURNÉE DE TRAVAIL.

FERMIERS, MÉTAYERS : ne peuvent être cotisés à la Contribution mobiliaire que d'après les bases prescrites à l'égard de tous les citoyens, par la Loi qui établit cette Contribution.

Ainsi, tout *Fermier*, *Métayer*, *Cultivateur*, etc. doit d'abord supporter sa taxe des trois journées de travail.

Il ne doit point celle à raison des domestiques, pour les garçons de charrue, filles de basse-cour, gardiens de bestiaux et autres personnes employées par lui à son exploitation. *Art.* XIV. *Instruction*, *art.* idem.

Il ne doit pas non plus la taxe des chevaux pour ses chevaux de labour et autres bêtes de somme. *Instruction*, *art.* XV. — Mais s'il avoit un cheval de selle destiné à son usage, nul doute qu'il ne dût acquitter, à raison de ce cheval de selle, la taxe prescrite par la Loi.

La Cotte d'habitation d'un *Fermier* doit être du trois-centième de son revenu présumé, d'après l'estimation donnée à la portion des bâtimens de la ferme qui composera réellement son habitation; par conséquent, on ne doit point comprendre dans cette estimation les granges, pressoirs, étables, etc. *Instruction*, *art.* XVI.

Enfin, sa Cotte mobiliaire doit être réglée d'après la même base qui aura servi à déterminer sa Cotte d'habitation, sauf à lui accorder, sur le total de son revenu présumé d'après cette base, la déduction des revenus fonciers pour lesquels il justifieroit avoir acquitté la Contribution foncière. *Voyez* COTTE MOBILIAIRE.

FILLES. *Voyez* MINEURS et JOURNÉE DE TRAVAIL.

FONCTIONNAIRES PUBLICS. Indépendamment de la taxe à raison des domestiques et chevaux, s'ils en sont susceptibles, ainsi que de celle des trois journées de travail et de la Cotte d'habitation, les *Fonctionnaires publics* doivent la Cotte mobiliaire à raison de toutes leurs facultés mobiliaires, qui ne peuvent jamais et en aucun cas, être évaluées au-dessous du montant de leurs salaires publics. *Voyez* COTTE MOBILIAIRE, LOYER et SALAIRES.

C

GARDE DE BESTIAUX. *Voyez* VALET DE CHARRUE et DOMESTIQUES.

GENDARMERIE NATIONALE. *Voyez* FONCTIONNAIRES PUBLICS.

GENS en pension ou logés dans des maisons communes. Les *gens en pension* ou logés dans *des maisons communes*, doivent être imposés à raison du loyer de l'appartement que chacun d'eux occupera. *Art.* XVII. — Ils doivent être imposés par un article distinct et séparé de celui du locateur, attendu qu'ils peuvent avoir des exceptions à faire valoir. *Instruction*, *art.* XVII. — Le locateur est responsable de la contribution des gens qui sont logés chez lui. *Art.* XVII.

GRANGE. *Voyez* FERMIERS.

GREFFIERS (près les Juges et Tribunaux.) *Voyez* FONCTIONNAIRES PUBLICS.

GRENIER (servant de magasin.) *Voyez* BOUTIQUE.

H

HABITATIONS. Si un citoyen a plusieurs habitations, à laquelle sera-t-il cotisé ? *Voyez* LOYER D'HABITATION.

HANGARS. *Voyez* BOUTIQUE.

HOTEL GARNI. *Voyez* AUBERGE.

HOTELLERIE. *Voyez* AUBERGE.

JARDINIER.

J

JARDINIER. *Voyez* VALET DE CHAR-
RUE et DOMESTIQUES.

INTENDANT : régisseur de terre ,
receveur , caissier et toute autre personne occupée par un Propriétaire ou
par un Négociant , moyennant un traitement annuel. *Voyez* SALAIRES.

JOURNÈE DE TRAVAIL. La taxe
des trois journées de travail est la portion de la Contribution mobiliaire , qui
a pour base *les facultés équivalentes à
celles qui peuvent donner la qualité* de
Citoyen actif. *Art.* XI. — En second
lieu , elle est une des taxes déclarées
communes à tous les habitans. *Art.*
VI. Elle doit donc être acquittée non
seulement par les habitans qui ont en
effet la qualité de Citoyens actifs , mais
encore par tous ceux qui , jouissant de
leurs droits , sont dans le cas d'être
compris dans le rôle de la Contribution
mobiliaire. *Instruction, art* XIII. *Voyez*
VEUVES , FEMMES SÉPARÉES , FILLES et
MINEURS. — La journée de travail est
le salaire que gagne communément par

O

jour l'homme de peine, le journalier, *Instruction*, *art.* XI. — Le taux de la journée de travail qui, multiplié par trois, donne le montant de la taxe de trois journées de travail, doit être fixé par l'Administration de Département, sur la proposition de celle de District. *Art.* XI. —Tout citoyen ayant quelques richesses foncières ou mobiliaires, ou exerçant, quoique journalier, une profession qui lui procure un salaire plus fort que celui fixé par le Département, pour le prix de la journée de travail, est assujetti à cette taxe. *Art.* XIII. — Tout citoyen à qui un travail journalier ne procure en salaire que le prix des journées arrêté par le Département; et qui *n'a aucune autre espèce de revenus*, ne doit ni la taxe des trois journées ni aucune autre; mais les Officiers municipaux auront soin d'inscrire ces citoyens, sans aucune exception, à la fin du rôle. *Art.* XII.

JUGES. *Voyez* Fonctionnaires publics.

JUMENT POULINIERE. *Voy.* Poulains et Chevaux.

L

LOCATEUR : est responsable du payement des cottes des gens logés chez lui. *Art.* XVII. *Voyez* GENS EN PENSION.

LOYER. Le *loyer* d'habitation est le signe indicatif des revenus; ainsi le *loyer* d'habitation est la base des deux taxes variables de la Contribution mobiliaire, savoir, de la cotte d'habitation et de la cotte dite mobiliaire. *Instruction*, *art.* XVI.

—Les citoyens les moins aisés étant obligés de sacrifier à leur *loyer* une plus forte portion de leurs revenus, un citoyen dont le *loyer* est de 100 liv., est présumé y employer la moitié de son revenu; celui dont le *loyer* est de 500 l. est présumé n'y employer que le tiers et ainsi de suite. *Art.* XVIII *et instruction*, *art. idem.*

— Les boutiques, échopes, étaux, hangards et ateliers, les granges, pressoirs et é ables, ne doivent point entrer dans l'évaluation du *loyer*, pour le réglement de la Contribution mobiliaire. *Instruc-*

tion. Art. XV. — La cotte des gens
en pension est fixée d'après le loyer de
leur appartement. *Art.* XVII. — Les
chefs de famille étant obligé d'avoir un
local plus grand, non par luxe, mais
pour loger leurs enfans, doivent être
dans une classe inférieure à celle où les
plaçoit naturellement leur *loyer. Art.*
XXIII. *Instruction, art.* XXIII. *Voyez*
CHEFS DE FAMILLE.—Les artisans étant
aussi obligés d'avoir un logement plus
considérable, doivent être cotisés à deux
classes au-dessous de celle où leur *loyer*
les auroit placés. *Art.* XXIV. *V.* MA-
NOUVRIER, ARTISAN. — Les célibataires
n'ayant besoin que d'un logement peu
considérable, et dès-lors leur *loyer* se
trouvant naturellement au-dessous de celui que comporte leur fortune, doivent
être portés dans une classe supérieure
à celle où ce *loyer* les auroit placés.
Art. XXVI. *V.* CÉLIBATAIRES. —
Lorsque le contribuable est salarié public, et que son salaire excède le revenu que son *loyer* lui suppose, la base
du *loyer* doit être abandonnée, parce
qu'elle n'est qu'indicative, et le salaire

public doit devenir la base de la Cotte mobiliaire, parce que c'est une base connue et certaine. *Art.* XXI — Mais si le revenu indiqué par le loyer est plus fort que le salaire public, le *loyer* sera toujours la base de la cotisation, parce qu'il annonce que le contribuable a d'autres richesses mobiliaires qui réunies à son salaire public, composent le revenu total indiqué. *Art.* XXI. *V.* Salaires. — Les propriétaires qui occupent leurs propres maisons, seront taxés d'après le *loyer* qu'ils payeroient s'ils étoient locataires de ces maisons, et ce *loyer* sera évalué par la Municipalité. *Instruction*, *Art.* XVI. — Le *loyer* d'habitation doit être évalué sans aucune déduction pour les répartitions. *Ibid.* — Lorsqu'un citoyen aura plusieurs habitations, celle dont le *loyer* sera plus fort, sera considérée comme l'habitation principale, et c'est là que ce citoyen sera taxé à la Contribution mobiliaire. *Art* XXIX.

M

MAGASIN. *V.* Boutique.

MAISON COMMUNE. *V.* Gens en pension.

MAISON D'ÉDUCATION. *V.* Pensionnat.

MANDEMENT : est l'acte par lequel l'administration du District fixe la *Cotte-part* de chaque Municipalité de son arrondissement, dans la Contribution mobiliaire, et lui enjoint d'en faire la répartition entre les différens citoyens. *V.* Répartement.

MANOUVRIER. *V.* Artisan.

MARCHAND EN DÉTAIL. *V.* Artisan.

MATRICE de rôle : est l'opération par laquelle les Officiers municipaux et Commissaires-adjoints de chaque Communauté doivent rassembler et déposer, dans le registre dont le modèle a été décrété par l'Assemblée Nationale, tous les détails et calculs d'après lesquels le rôle doit être formé.

La *matrice* de rôle doit être rédigée par les Officiers municipaux et les Commissaires adjoints. *V.* Municipalité. — Doit être déposée pendant huit jours au secrétariat de la Municipalité, où

chaque contribuable pourra en prendre
connoissance et la contredire. *Article*
XXXVI.

MINEURS : doivent acquitter la taxe
des trois journées de travail, comme
toutes les autres taxes dont ils seront
susceptibles dans la Contribution mobiliaire, attendu que les trois journées de
travail ne sont pas une taxe *due par*
les citoyens actifs, mais *due à raison*
des facultés équivalentes à celles qui
donnent le titre de citoyen actif. *V.*
Journée de travail.

MINISTRES DU ROI. *V.* Fonctionnaires publics.

MODÉRATION : (ordonnance de)
est une dispense partielle de payement
de cotte prononcée en faveur d'un contribuable qui, dans le cours de l'année
a été réduit, par quelques circonstances
particulières et momentanées, à l'impossibilité d'acquitter sa cotte en totalité.

Ainsi, lorsqu'un contribuable, régulièrement cotisé d'après les facultés dont
il jouissoit réellement au moment de la
confection du rôle de telle année, se

trouve , par l'effet d'une maladie , interruption de commerce , incendie , etc. dans l'impossibilité d'acquitter pour cette même année une partie de sa cotte , il est dans le cas de réclamer une *Modération V.* RÉCLAMATIONS.

MOULINS (garçon de) et autres usines : ne doivent point être compris au nombre des domestiques , à raison desquels est due la seconde Taxe fixe de la Contribution mobiliaire. *V.* DOMESTIQUES

MULET. *V.* POULAINS , ÉLEVES et CHEVAUX.

MUNICIPALITÉ : est chargée de l'assiète de la Contribution mobiliaire... *Art.* VIII. — Ne peut , sous peine de forfaiture et de responsabilité , se dispenser de répartir la cotte-part qui lui aura été assignée par le mandement de l'Administration de District. *Ibid.* —. Doit former d'abord un état de tous les habitans domiciliés dans son territoire , le publier et le déposer à son greffe... *Art.* XXXII. — Doit ensuite , avec les Commissaires-adjoints , procéder à l'examen des déclarations , et suppléer à

..celles omises ou incomplettes. *Article* XXXIV.—Doit enfin, avec les mêmes Commissaires, procéder en son ame et conscience, à la confecion de la matrice de rôle, en se conformant aux instructions du Directoire du Département, et aux modèles des différentes opérations, décrétés par l'Assemblée Nationale. *art.* XXXV et XXXVI.

N

NON-VALEURS : le fonds des non-valeurs est établi pour couvrir, soit les décharges ou réductions prononcées pour cause de sur-taxe, erreurs ou inégalités, soit les remises ou modérations accordées pour accident fortuits. *Art.* VI — Il est partagé en deux portions ; l'une à la disposition de l'administration de chaque Département, l'autre à celle de la Législature. *Art.* VII. — La portion à la disposition de l'administration, est destinée à couvrir les non-valeurs résultantes des décharges, réductions ou remises accordées aux particuliers, et des erreurs et inégalités de Communautés à Communautés, de Districts à Districts. *Art.*

XL, XLI et XLII. — La portion à la disposition de la Législature, est destinée à couvrir les remises dont elle croira juste de faire jouir tel ou tel Département qui auroit éprouvé des pertes notables, ou qui justifieroit être dans le cas d'obtenir une réduction sur sa portion contributive dans la Contribution mobiliaire, *Art.* XLIII.

O

OFFICIERS (des troupes de ligne et de la Marine.) *V.* FONCTIONNAIRES PUBLICS.

P

PENSION, MAISON COMMUNE, *V.* GENS EN PENSION.

PENSIONNAT ; MAISON D'ÉDUCATION. Celui qui tient un *pensionnat*, ou autre maison d'éducation, ne doit être cotisé que d'après l'estimation du loyer de la portion de l'établissement tenu par lui, qui lui sert véritablement d'habitation. *Instruction, art.* XVI. *V.* GENS EN PENSION.

PERCEPTEUR. Le *percepteur* de la

Contribution mobiliaire est le même que celui de la Contribution foncière. *Art.* XLIV.—Il n'est alloué à ce *percepteur* que trois deniers pour livre du montant du rôle. *Ibid.*—Ces trois deniers doivent être pris par retenue sur le recouvrement effectif. *Art.* XLVI. — Le *percepteur* est tenu de verser chaque mois , dans sa caisse du District, la totalité de sa recette. *Art.* XLVIII. — Il est également tenu de fournir dans la dernière huitaine de chaque trimestre , un état de tous les contribuables en retard. *Art.* XLIX.—Il doit compter dans les délais prescrits , soit en argent , soit en ordonnances de décharges ou de remises, soit enfin en justifiant de l'insolvabilité des contribuables dans la forme prescrite. *Art.* L.

PÈRE DE FAMILLE. *v.* Chef de Famille.

PORTION CONTRIBUTIVE , est la somme assignée à chaque Département, dans la Contribution mobiliaire , par le *Décret* de la Législature. *voyez* Décret et Répartement.

POULAINS et ÉLÈVES : ne doivent

pas être compris au nombre des chevaux,
à raison desquels est dûe la troisième
taxe fixe de la Contribution mobiliaire.
v. CHEVAUX.

PRESSOIR. *v.* GRANGE.

PRINCIPAL LOCATAIRE, est responsable du payement des cottes de ses
sous-locataires, sauf à lui à prendre les
précautions propres à assurer son remboursement. *Instruc. Art.* XVII.

PROCUREUR (général-syndic d'un
Département, syndic d'un District.)
v. FONCTIONNAIRES PUBLICS.

PUPILLE. *v.* MINEURS et JOUR-
NÉE DE TRAVAIL.

R

RÉCLAMATIONS. Quatre différentes demandes peuvent être formées en
matière de Contribution mobiliaire : la
demande en *décharge* et celle en *réduction;* la demande en *remise* et celle en
modération. art. VI.

Lorsqu'un contribuable à été taxé à
la Contribution mobiliaire, dans une
Municipalité où il ne devoit pas l'être
il est en droit de réclamer une *décharge*

Si

Si sa cotte, établie dans le rôle où
elle doit être comprise, a d'ailleurs été
portée à un taux qui excède les proportions décrétées par l'Assemblée Nationale, il est fondé à solliciter une *réduction*.

La *remise* ou la *modération* peuvent
avoir lieu lorsqu'un contribuable ayant
été cotisé d'après les facultés dont il
jouissoit réellement au moment de la
confection du rôle, se trouve dans la
même année, par des circonstances momentanées, telles que maladie, interruption de commerce, incendie, etc. dans
l'impossibilité d'acquitter, pour cette année, le *montant total* de sa cotte, ce
qui est le cas de la *remise*, ou d'acquitter *partie* d'icelle, ce qui est le cas
de la *modération*.

La *décharge* et la *réduction*, sont de
justice rigoureuse ; quand elles sont
dûes, elles ne peuvent point ne pas être
accordées

La *remise* ou la *modération*, au contraire, tiennent plus à l'humanité et à
la bienfaisance, qu'à la justice distribu-
tive, et la quotité de l'allégement à ac-

P

corder, peut être subordonnée à la latitude plus ou moins grande que laisse la fixation du fonds destiné à pourvoir aux non-valeurs. *v*. NON-VALEURS.

Les demandes en *décharge* ne peuvent être formées que par un contribuable imposé où il ne devoit pas l'être.

Les demandes en *réduction*, *remise* ou *modération*, peuvent être formées, soit par un contribuable, soit par une Municipalité, soit par un District, soit par un Département.

Demande d'un Contribuable : doit être portée au Directoire de District, communiquée par ce Directoire à la Municipalité.

Le Directoire de District prononcera en première instance, après avoir entendu la Municipalité. En cas de réclamation contre l'arrêté du Directoire de District, le Directoire du Département statuera définitivement. *art.* XXXVIII *et* XXXIX.

Demande d'une Communauté entière : doit être portée au Directoire de Département, communiquée par le Directoire de Département au Directoire de District.

et par celui-ci aux Communautés dont les territoires toucheront celui de la Communauté· réclamante.

Sur les réponses de ses communautés, le Directoire de District donnera son avis à celui du Département, et ensuite le Département statuera définitivement. *art.* XLI.

Demande d'un District: doit être portée au Directoire de Département, et communiquée par lui aux différens Districts.

Sur la réponse de chacun de ces Districts, et sur le rapport et l'avis du Directoire du Département, le conseil général statuera definitivement. Les Administrations de Département sont toutefois tenues d'adresser chaque année à la législature, leurs décisions sur les réclamations des Districts, avec les motifs de ces décisions. *art.* XLII.

Demande d'un Département : doit être portée à la Législature, communiquée aux Administrations de Département, dont les territoires toucheront celui de l'Administration réclamante.

Sur la réponse de ces Administrations,

P 2

la Législature prononcera. *art.* XVIII.

Aucun Département, aucun District, aucune Municipalité, ni aucuns contribuables, ne peuvent, sous quelque prétexte que ce soit, même de réclamation contre la répartition, se dispenser de payer la portion contributive qui leur aura été assignée, sauf à faire valoir leurs réclamations. *art.* IX.

RÉDUCTION (Ordonnance de) : est une réformation de cotte qui non-seulement porte sur le rôle actuel, mais doit encore influer sur la cotisation du contribuable pendant les années subséquentes.

Pour perfectionner leur répartition, les Directoires de Districts et les Municipalités doivent tenir des notes exactes des *réductions* qui auront été accordées, afin de s'y conformer lors de la répartition des années subséquentes.

Si la cotte établie dans le rôle où elle doit être comprise, a d'ailleurs été portée à un taux qui excède les proportions décrétées par l'Assemblée Nationale, il y a lieu à *réduction.* *v.* RÉCLAMATION.

RECEVEUR DE MUNICIPALITÉS,

Le *receveur* de la Municipalité est le percepteur qui fait immédiatement le recouvrement sur les contribuables, et qui étoit autrefois plus généralement connu sous le nom de *Collecteur. v.* PERCEPTEUR.

RECOUVREMENT : doit commencer aussi-tôt que le rôle rendu exécutoire aura été renvoyé à la Municipalité. *article* XLV. — Doit être fait de janvier en janvier, en douze payemens égaux. *art.* XLVII. — Doit être surveillé par les officiers municipaux et les administrateurs de District et de Département. — *art.* XLVIII. — L'état des contribuables en retard, à la fin de chaque trimestre, sera publié et affiché après avoir été visé par les officiers municipaux. *art.* XLIX. — Faute de paiement dans les huit premiers jours qui suivront chacun des quatre trimestres de mars, juin, septembre et décembre, le contribuable pourra être contraint par saisie de meubles et effets mobiliers. *Ibid.*

REGISSEURS : (Administrateurs et autres percepteurs des contributions indirectes) doivent la cotte mobiliaire à raison de toutes leurs facultés mobiliaires, qui ne peuvent jamais, et en aucun cas, être évaluées au-dessous du montant de leurs salaires. *Voyez* FONCTIONNAIRES PUBLICS.

REMISE (ordonnance de) : est une dispense totale de paiement de cotte, prononcée en faveur d'un contribuable qui, dans le cours de l'année, a été réduit, par quelques circonstances particulières et momentanées, à l'impossibilité d'acquitter sa cotte. Ainsi, lorsqu'un contribuable régulièrement cottisé, d'après les facultés dont il jouissoit réellement au moment de la confection du rôle de telle année, se trouve par l'effet d'une maladie, interruption de commerce, incendie, etc. dans l'impossibilité absolue d'acquitter pour cette même année le montant de sa cotte, il est dans le cas de réclamer une remise. *Voyez* RÉCLAMATION.

RÉPARTEMENT. La Législature détermine annuellement le montant de la contribution mobiliaire pour tout le Royaume. *Art. II.*

La Législature fait la répartition du montant de cette contribution entre les différens départemens, et fixe la *portion contributive* de chaque Département par un *Décret*.

L'Administration de Département fait la répartition de sa portion contributive entre tous les Districts, et fixe leur *contingent* par une *commission* adressée à chaque Administration de District.

L'Administration de District fait la répartition de son contingent entre les Municipalités, et fixe leur *cotte-part* par un *Mandement*.

La Municipalité fait la répartition de sa *cotte-part* entre les contribuables, et règle leur *cotte* par un *rôle*.

REVENU FONCIER : est frappé, comme tous les genres de revenus, par la *cotte d'habitation*; ne doit point l'être par la *cotte mobiliaire* : en conséquence, lors du règlement de cette cotte, il est juste de déduire, sur le revenu total indiqué par le loyer, la portion de ce revenu qui est reconnue avoir été soumise à la contribution foncière. *Voyez* COTTE MOBILIAIRE. *Voyez aussi les art.* XIX *et* XX *, et instruct. sur idem.*

RÔLE : est la dernière opération de la répartition par laquelle chaque Municipalité fixe la cotte de chaque citoyen dans la contribution mobiliaire. *Voyez* RÉPARTEMENT. — La rédaction du *rôle* doit être précédée par la formation de la matrice du rôle. *Voyez* MATRICE DE RÔLE. — Les noms de tous les citoyens qui ne sont pas en état de payer la contribution de citoyen actif, doivent être inscrits soigneusement et sans exception à la fin du *rôle. art.* XII.

S

SALAIRES. Il y en a de deux sortes, les salaires publics et les salaires privés ; les *salaires* publics sont ceux que le citoyen, fonctionnaire public, soit par le choix des Électeurs, soit par celui du Roi, reçoit de la Nation. *voyez* FONCTIONNAIRES PUBLICS et COTTE MOBILIAIRE. — Les *salaires* privés sont le traitement annuel que l'on reçoit d'un Propriétaire, d'un Négociant, d'un Banquier, pour l'aider, soit dans la régie de ses biens, ou l'administration de sa maison, soit dans son négoce. *voyez*

INTENDANT *et* COTTE MOBILLIAIRE. — Lorsque le *salaire* public ou privé sera plus fort que le revenu indiqué par le loyer, il servira de base à la cotte mobiliaire. *royez* LOYER. — Toute personne ayant un *salaire* public au-dessus de la somme de 400 liv., ne pourra en toucher aucune portion, que sur la représentation de la quittance de sa contribution mobiliaire de l'année précédente. *Art.* XXII. *Instruct. idem.*

SECRÉTAIRE - général d'un Département, d'un District. *royez* FONCTIONNAIRES PUBLICS.

SÉMINAIRE. *royez* PENSIONNAT.

V

VALETS DE CHARRUE. Ne doivent pas être compris au nombre des domestiques à raison desquels est due la seconde taxe fixe de la contribution mobiliaire. *royez* DOMESTIQUES.

VEUVE. *royez* MINEURS et JOURNÉE DE TRAVAIL.

VICAIRES de cathédrale, de paroisse, Supérieur de séminaire, Directeur de sé-

minaire. *voyez* FONCTIONNAIRES PU-
BLICS.

U

USINE. *voyez* MOULINS et DOMES-
TIQUES.

---

*Procédés pour trouver plus promptement
la cotte d'habitation, d'après les proportions réglées par la Loi sur la
contribution mobiliaire, en partant
sur le champ du montant du loyer.*

1.ere CLASSE. Loyers de 12,000 liv.
et au-dessus, présumés être du *douzième
et demi* du revenu ; prendre les *dix deniers* pour livre du loyer.

2.e CLASSE. Loyers de 11,000 livres
inclusivement à 12,000 liv. exclusivement, présumés être du *onzième et
demi* du revenu ; prendre *neufs deniers
et un cinquième de denier* pour livre du
loyer.

3.e CLASSE. Loyers de 10,000 livres
inclusivement à 11,000 livres exclusivement, présumés être du *onzième* du re-

venu ; prendre *huit deniers quatre cin-*
quièmes de denier pour livre du loyer.

4.ᵉ CLASSE. Loyers de 9,000 liv. inclusivement à 10,000 liv. exclusivement,
présumés être du *dixième et demi* du
revenu ; *prendre huit deniers deux cin-*
quièmes de denier pour livre du loyer.

5.ᵉ CLASSE. Loyers de 8000 liv. inclusivement à 9000 livres exclusivement,
présumés être du *dixième* du revenu ;
prendre les *huit deniers* pour livre du
loyer.

6.ᵉ CLASSE. Loyers de 7000 liv. inclusivement à 8000 livres exclusivement,
présumés être du *neuvième et demi* du
revenu ; prendre *sept deniers et trois*
cinquièmes de denier pour livre du loyer.

7.ᵉ CLASSE. Loyers de 6000 livres inclusivement à 7000 livres exclusivement,
présumés être du *neuvième* du revenu ;
prendre *sept deniers et un cinquième de*
denier pour livre du loyer.

8.ᵉ CLASSE. Loyers de 5000 liv. inclusivement à 6000 liv. exclusivement,
présumés être du *huitième et demi* du
revenu ; prendre *six deniers quatre cin-*
quièmes de denier pour livre du loyer.

9.ᵉ CLASSE. Loyers de 4000 liv. inclusivement à 6000 liv. exclusivement, présumés être du *huitième* du revenu ; prendre *six deniers deux cinquièmes de denier* pour livre du loyer.

10.ᵉ CLASSE. Loyers de 3500 liv. inclusivement à 4000 livres exclusivement, présumés être du *septième et demi* du revenu ; prendre *six deniers* pour livre du loyer.

11.ᵉ CLASSE. Loyers de 3000 liv. inclusivement à 3500 liv. exclusivement, présumés être du *septième* du revenu ; prendre *trois deniers et trois cinquièmes de denier* pour livre du loyer.

12.ᵉ CLASSE. Loyers de 2500 liv. inclusivement à 3000 liv. exclusivement, présumés être du *sixième et demi* du revenu ; prendre *sept deniers et un cinquième de denier* pour livre du loyer.

13.ᵉ CLASSE. Loyers de 2000 liv. inclusivement à 2500 liv. exclusivement, présumés être du *sixième* du revenu ; prendre *quatre deniers quatre cinquièmes de denier* pour livre du loyer.

14.ᵉ CLASSE. Loyers de 1500 liv. inclusivement à 2000 liv. exclusivement, présumés être du *cinquième et demi* du revenu ; prendre *quatre deniers et deux cinquièmes de denier* pour liv. du loyer.

15.e CLASSE. Loyers de 1000 liv. inclusivement à 1500 liv. exclusivement, présumés être du *cinquième* du revenu ; prendre *quatre deniers* pour livre du loyer.

16e. CLASSE. Loyers de 500 liv. inclusivement à 1000 liv. exclusivement, présumés être du *quart* du revenu ; prendre *trois deniers et un cinquième de denier* pour livre du loyer.

17.e CLASSE. Loyers de 100 liv. inclusivement à 500 liv. exclusivement, présumés être du *tiers* du revenu ; prendre *deux deniers et deux cinquièmes de denier* pour livre du loyer.

18.e CLASSE. Loyers au - dessous de 100 liv. , présumés être de la *moitié* du revenu ; prendre *un denier et trois cinquièmes de denier* pour livre du loyer.

La cotte mobiliaire se trouve en multipliant la cotte d'habitation, par 15, sans distinction de classes.

NOTA 1. La cotte d'habitation a toujours pour base le revenu présumé, d'après le loyer d'habitation , en conséquence on peut dans tous les cas faire usage de ces procédés pour la fixer. La cotte mobiliaire a quelquefois une base étrangère au loyer d'habitation , comme les pensions , traitemens ou salaires ; alors au lieu de multiplier la cotte d'habitation par 15, il faut prendre le sou pour liv. du revenu connu.

2. La cotte mobiliaire , même quand on n'a d'autre moyen de la fixer que le loyer d'habitation , n'est pas toujours égale à la cotte d'habitation multipliée par 15 ; parce que l'on peut apporter en déduction sur le revenu présumé d'après le loyer , le revenu foncier qu'on possede , ce qui n'a pas lieu pour la cotte d'habitation.

3. La cotte d'habitation peut s'élever au *quarantième* du revenu présumé; l'opération pour la porter à ce *maximum* est de multiplier par *sept et demi* , la somme qu'on aura trouvée par les procédés ci-dessus. La cotte mobiliaire peut s'élever au *dix-huitième* du revenu présumé ou connu; l'opération pour la porter

à ce *maximum*, est, après avoir pris le sou pour livre du revenu, d'y ajouter le neuvième de cette somme.

DU DROIT DE PATENTES.

La Loi du 9 octobre 1791, relative aux Patentes, contient des dispositions qui modifient quelques-unes de celles du 17 mars 1791.

Elle renferme en outre un assez grand nombre d'articles additionnels.

Il a paru utile de présenter, sous un seul point de vue le texte de ces deux Loix, de manière à pouvoir en suivre les différens articles dans l'ordre où ils se trouveroient naturellement placés, s'ils étoient réunis dans une seule et même Loi.

LOI

du 17 Mars 1791,

Portant suppression de tous les Droits d'Aides, suppression de toutes les Maîtrises et Jurandes, et établissemens de Patentes.

LOUIS, par la grâce de Dieu, etc.

Décret du 2 Mars 1791.

L'ASSEMBLÉE NATIONALE décrète ce qui suit :

I. A compter du 1. avril prochain, les droits connus sous le nom de

LOI

du 9 Octobre 1791,

Relative aux Patentes.

LOUIS, par la grâce de Dieu, etc.

Décret des 17 et 20 Septembre 1791.

L'ASSEMBLÉE NATIONALE décrète ce qui suit :

Loi du 17 mars 1791. Loi du 9 Oct. 1791.

droits d'Aides, perçus
par inventaire ou à l'en-
lèvement, vente ou re-
vente en gros, à la cir-
culation, à la vente en
détail sur les boiſſons ;
ceux connus sous le nom
d'*impôts et billots et*
devoirs de Bretagne ,
d'*équivalent du Lan-*
guedoc, de *masphaneng*
en Alsace , le privilège
de la vente exclusive
des boiſſons dans les
lieux qui y étoient su-
jets, le droit des *quatre*
membres et autres de
même nature, perçus
dans les ci-devant pro-
vinces de Flandres ,

Haynaut, Artois, Lor-
raine et Trois-Évêchés;
le droit d'*inspecteur aux
boucheries*, et tous au-
tres droits d'aides ou réunis aux aides, et per-
çus à l'exercice dans
toute l'étendue du Ro-
yaume ; les droits sur
les papiers et cartons ;
le droi tmaintenant per-
çu sur les cartes à
jouer, et autres dépen-
dans de la Régie géné-
rale , même les droits
perçus pour les marques
et plombs que les ma-
nufacturiers et fabricans
étoient tenus de faire
apposer aux étoffes et

autres objets provenant de leurs fabriques et manufactures, sont a-polis.

II. A compter de n même époque, les offices de perruquiers-barbiers-baigneurs--étuvistes, ceux des agens de change, et tous autres offices pour l'inspection et les travaux des arts et du commerce, les brevets et les lettres de maîtrise, les droits perçus pour la réception des maîtrises et jurandes, ceux du collège de pharmacie, et tous privilèges de pro-

Loi du 17 Mars 1791. *Loi du 9 Oct. 1791.*

feffions, fous quelque dénomination que ce foit, font également fupprimés.

Le Comité de judicature propofera inceffamment un projet de décret fur le mode et le taux des rembourfemens des offices mentionnés au préfent article.

III. Les particuliers qui ont obtenu des maîtrises et jurandes, ceux qui exercent des profeffions en vertu de privilèges ou brevets, remettront au Commiffaire chargé de la li-

Loi du 17 Mars 1791. Loi du 9 Oct, 1791.

...nidation de la dette
...ublique , leurs titres ,
...revets et quittances de
...nance, pour être pro-
...dé à la liquidation
...es indemnités qui leur
...ont dûes , lesquels in-
...emnités seront réglées
...nr le pied des fixations
...e l'Edit du mois d'août
...776 , et autres sub-
...équens , et à raison
...eulement des sommes
...versées au Trésor pu-
...iblic , de la manière ci-
...après déterminée.

IV. Les particuliers
...reçus dans les maîtrises
...et jurandes depuis le 4
...août 1789 , seront

remboursés de la tota-
lité des sommes ver-
sées au Trésor public.

A l'égard de ceux
dont la réception est
antérieure à l'époque
du 4 août 1789,
il leur sera fait déduc-
tion d'un trentième par
année de jouissance :
cette déduction néan-
moins ne pourra s'é-
tendre au-delà des deux
tiers du prix total; et
ceux qui jouissent de-
puis vingt ans au plus,
recevront le tiers des
sommes fixées par l'Edit
d'août 1776, et au-
tres subséquens.

Loi du 17 Mars 1791. Loi du 9 Oct. 1791.

Les remboursemens ci-dessus énoncés seront faits par la caisse de l'Extraordinaire ; mais ils n'auront point lieu pour les particuliers qui auroient renoncé à leur commerce depuis plus de deux ans.

Quant aux particuliers aspirans à la maîtrise , qui justifieront avoir payé des sommes à compte sur le prix de la maîtrise qu'ils vouloient obtenir, et qui, à la faveur de ces paiemens, ont joui de la faculté d'exercer leur profession, ils se-

Loi du 17 Mars 1791.	*Loi du 9 Oct. 1791.*
ront remboursés de ces avances, dans les proportions ci-dessus fixées pour les maîtres qui ont payé en entier le prix de la maîtrise. V. Les Syndics des corps et communautés d'artisans et marchands seront tenus de représenter ou de rendre leurs comptes de gestion aux Municipalités, lesquelles les vérifieront, et formeront l'état général des dettes actives et passives et biens de chaque communauté; ledit état sera envoyé aux Directoires	

do

Loi du 17 Mars 1791. Loi du 9 Oct. 1791.

de Districts et Départemens, qui après vérification, le feront passer au Commissaire du Roi chargé de la liquidation de la dette publique, lequel en rendra compte au comité des finances, pour en être par lui fait rapport à l'Assemblée nationale.

Le Commissaire du Roi ne pourra néanmoins surseoir à la liquidation des remboursemens et offices de chaque individu ; il se fera remettre les états, titres, pièces et ren-

Q

seignemens nécessaires
pour constacter l'état
actuel , et achever ,
s'il y a lieu , la liqui-
dation des dettes con-
tractées antérieurement
au mois de février
1776 , par les corps
et communautés.

VI. Les fonds exis-
tans dans les caisses
des différentes corpo-
rations , après l'apure-
ment des comptes qui
feront rendus au plus
tard dans le delai de
six mois , à compter
de la promulgation du
présent Décret, seront
versés dans la caisse du

District , qui en tien-
dra compte à celle
de l'Extraordinaire. Les
propriétés , soit mobi-
liaires, soit immobiliai-
res desdites communau-
tés seront vendues dans
la forme prescrite pour
l'aliénation des biens nationaux , et le produit
desdites ventes sera pa-
reillement versé dans la
caisse de l'Extraordi-
naire.

VII. A compter du
premier avril prochain,
il sera libre à toute personne de faire tel né-
goce, ou d'exercer telle
profession, art ou mé-

tier qu'elle trouvera bon; mais elle sera tenue de se pourvoir auparavant d'une patente, d'en acquitter le prix suivant les taux ci-après déterminés et de se conformer aux réglemens de police qui sont ou pourront être faits.

Sont exceptés de l'obligation de se pourvoir de patentes :

1.° Les fonctionnaires publics, exerçant des fonctions gratuites, ou salariés par le Trésor public, pourvu néanmoins qu'ils n'exercent point d'autres professions étrangères à leurs fonctions.

2.º Les cultivateurs occupés aux exploitations rurales.

3.º Les personnes qui ne sont pas comprises au rôle de la contribution mobiliaire, pour la taxe de trois journées de travail.

4.º Les apprentifs, compagnons et ouvriers à gages travaillant dans let atteliers de fabricans pourvus de patentes.

5.º Les propriétaires et cultivateurs pour la vente des bestiaux, denrées et productions,

Q 3

excepté le cas où ils
vendroient les boissons
de leur crû à pinte
et à pot.

VIII. Les vendeurs
et vendeuses de fleurs,
fruits, légumes, pois-
sons, beurre et œufs,
vendant dans les rues,
halles et marchés pu-
blics, ne seront point
tenus de se pourvoir de
patentes, pourvu qu'ils
n'aient ni boutiques ni
échoppes, et qu'ils ne
fassent aucun autre né-
goce, à la charge par
eux de se conformer
aux réglemens de po-
lice.

Loi du 17 Mars 1791.

Loi du 9 Oct.ᵉ 1791,

IX. Tout particulier qui voudra se pourvoir d'une patente, en fera, dans le mois de décembre de chaque année, à la Municipalité du ressort de son domicile, sa déclaration, laquelle sera inscrite sur un registre à souche; il lui en sera délivré un certificat dans la feuille de sa déclaration. Ce certificat contiendra son nom et la valeur locative de ses habitation, boutique, magasin et attelier.

I. Les régisseurs nationaux de l'enregistrement, des domaines et des droits réunis, seront tenus d'approvisioner tous leurs bureaux de vente de papier timbré, de feuilles imprimées, pour la formation des registres à souche destinés à recevoir les déclarations et soumissions pour obtention de patentes.

II. Ces feuilles de registre à souche seront imprimées conformément au modèle annexé au présent Décret, et seront fournies par la régie aux municipa-

lités, qui en acquit-
teront le prix, soit
comptant, soit par
une reconnoissance
payable dans le délai
de six mois au plus
tard, et feront rem-
bourser le droit de
timbre par les sou-
missionnaires, en
délivrant les certifi-
cats, lesquels, ainsi
que la quittance, ne
seront point assujet-
tis au droit d'enre-
gistrement.

III. Les munici-
palités qui sont déjà
approvisionnées de
registres, continue-
ront à se servir des
mêmes registres pour
l'année 1791 seule-
ment.

Loi du 17 Mars 1791. Loi du 9 Oct. 1791.

Il se présentera en-
suite chez le receveur
de la contribution mo-
biliaire, auquel il paye-
ra comptant le quart
du prix de la patente,
suivant les taux ci-après
fixés , et fera sa sou-
mission de payer le
surplus par parties éga-
les , dans les mois de
mars , juin et septem-
bre. Ce receveur lui
délivrera quittance de
l'à-compte et récépissé
de la soumission, au
dos du certificat ; et
sur la représentation de
ce certificat , quittance
et récépissé , qui seront

déposés et enregistrés aux archives du District , la patente lui sera délivrée au secrétariat du Directoire pour l'année suivante.

Ceux qui auront payé le quart du prix de leurs patentes , et qui négligeront d'acquitter les autres parties aux termes fixés , y seront contraints comme pour le paiement de la contribution mobiliaire.

Les déclarations, certificats , quittances , soumissions et patentes, seront sur papier tim-

ré , et conformes aux
modèles annexés au pré-
sent Décret.

X. Ceux qui vou-
dront faire le négoce
ou exercer une profes-
sion , art et métier
quelconque , pendant la
présente année , seront
tenus de se présenter
à leurs municipalités
avant le premier avril
prochain , et de rem-
plir , avant la fin du
même mois , les for-
malités prescrites par
les articles précédens.
Ils acquitteront comp-
tant un tiers du droit ,
et fourniront leur sou-

mission de payer un second tiers dans le courant de juillet prochain, et le surplus dans le courant d'octobre suivant.

La jouissance des patentes qui leur seront délivrées, commencera au premier avril prochain, et les prix en seront fixés aux trois quarts des patentes qui dans la suite seront accordées pour une année.

XI, Les particuliers qui dans le courant d'une année, voudront se pourvoir de patentes, en auront la faculté,

en remplissant les for-
malités prescrites, et le
droit sera compté pour
le restant de l'année,
à dater du premier jour
du quartier dans lequel
ils auront demandé des
patentes.

XII. Le prix des
patentes annuelles pour
les négoces, arts, mé-
tiers et professions, au-
tres que ceux qui se-
ront ci-après exceptés,
sera réglé à raison du
prix du loyer ou de
la valeur locative de
l'habitation, des bou-
tiques, magasins et at-
teliers occupés par ceux

IV. Toutes les pa-
tentes, à l'exception
de celles des pro-
priétaires vendant
des vins en détail
pendant six mois au
plus, et de celles
de colporteurs, se-
ront désignées par
*demi-patentes, pa-
tentes simples* et *pa-
tentes supérieures.*
En conséquence les
déclarations, certi-

R

Loi du 17 Mars 1791. Loi du 9 Oct. 1791.

qui les demanderont, et dans les proportions suivantes :

Deux sous pour livre du prix du loyer jusqu'à quatre cents livres; deux sous six deniers pour livre, depuis quatre cents jusqu'à huit cens livres ; et trois sous pour livre au-dessus de huit cents livres.

XIII. Les boulangers qui n'auront pas d'autre commerce ou profession, ne payeront que la moitié du prix des patentes, réglé par l'article précédent.

XIV. Les particu-

ficats et patentes ne contiendront la désignation d'aucunes professions, mais seulement la désignation de *demi-patente, patente simple, patente supérieure.*

V. Les particuliers qui ne seront pourvus que de la demi-patente, ne pourront exercer que la profession de boulanger, conformément à l'art. XIII du Décret du 2 mars dernier.

Ceux qui seront pourvus d'une patente simple, pourront exercer telle profession, ou en

Loi du 17 Mars 1791. *Loi du 9 Oct. 1791.*

liers qui voudront réu-
nir à leur négoce ,
métier ou profession ,
les professions de mar-
chands de vin , bras-
seurs, limonadiers, dis-
tillateurs , vinaigriers ,
marchands de bierre et
de cidre , aubergistes ,
hôtelliers donnant à
boire et à manger ,
traiteurs - restaurateurs,
les fabricans et débi-
tans de cartes à jouer,
les fabricans et débitans
de tabac , ceux même
qui n'exerceroient que
les professions ci-dessus
dénommées , payeront
leurs patentes dans les

cumuler autant qu'ils
le jugeront convena-
ble , conformément
à l'art. VII du mê-
me Décret, à l'ex-
ception de celles dé-
signées par l'article
XIV du même Dé-
cret.

Ceux qui seront
pourvus de la patente
supérieure , pour-
ront exercer toutes
les professions , et
se livrer à tous les
commerces ou indus-
tries , sans aucune
exception.

Loi du 17 Mars 1791. Loi du 9 Oct. 1791.

proportions suivantes ;
savoir , trente livres
quand le loyer total
de leur habitation et
dépendances sera de
deux cents livres et au-
dessous ; trois sous six
deniers pour livre du
prix de ce loyer, quand
il sera au-dessus de deux
cents livres, jusques et
compris quatre cents
livres ; quatre sous pour
livre du prix de ce
loyer , quand il sur-
passera quatre cents liv.
jusques et compris six
cents livres; quatre sous
six deniers quand il sera
de six cents livres à

huit cents livres ; et enfin cinq sous pour livre pour les loyers au-dessus de huit cents livres.

XV. Il sera délivré des patentes pour un ou plusieurs mois aux propriétaires et cultivateurs qui voudront vendre en détail des boissons de leur crû ; le prix desdites patentes sera de trois livres par mois : elles ne seront délivrées qu'après l'accomplissement des formalités prescrites , et que le prix en aura été acquitté entre les mains

R 3

du préposé au recou-
vrement des contribu-
tions mobiliaire et d'ha-
bitation ; mais ces pa-
tentes ne pourront être
accordées pour plus de
six mois dans le cours
de l'année : au-delà de
ce terme , elles seront
réputées patentes an-
nuelles, et seront payées
comme telles.

XVI. Les colporteurs
exerçant le négoce dans
les villes, campagnes, foires et marchés; les forains
exerçant le négoce ou
leur profession hors de
leurs domiciles et hors
les temps de foires ,

Loi du 17 Mars 1791. Loi du 9 Oct. 1791.

seront tenus de se pour-
voir de patentes par-
ticulières et spéciales,
conformément aux mo-
dèles annexés au présent
sent Décret, et après
avoir rempli les forma-
lités prescrites. Le prix
entier des patentes de
colporteurs et forains
sera payé comptant, et
fixé suivant les propor-
tions de l'article XII,
mais ne pourra être au-
dessous de dix livres
pour les marchands por-
tant la balle ; de cin-
quante livres pour ceux
qui emploiront à leur
commerce un cheval

R 3

ou autre bête de somme
et quatre-vingt livres
pour ceux qui se servi-
ront d'une voiture,
quand même le prix
du loyer de leur do-
micile établiroit une
proportion inférieure.
Lesdits colporteurs et
marchands forains se-
ront tenus, lorsqu'ils
en seront requis, de
justifier de leur domi-
cile et de leur taxe
mobiliaire et d'habita-
tion, même de repré-
senter leur patente de
colporteur ou forain,
aux Officiers munici-
paux des lieux où ils

exerceront leur commerce.

XVI. Il sera versé deux sous pour liv. du prix de chaque patente dans la caisse commune, pour servir à ses dépenses particulières.

Les Officiers municipaux tiendront la main à ce qu'aucun particulier ne s'immisce dans l'exercice des professions assujetties à des patentes par le présent Décret, sans avoir rempli les formalités ci-devant prescrites, et sans avoir acquitté le droit.

VI. Les directoires de district feront faire, dans les premiers jours de chaque trimestre le relevé des déclarations portées sur le registre à souche de chaque municipalité.

VII. Sur ces relevés, il sera formé, pour chaque municipalité, un rôle qui désignera le nom des soumissionnaires du trimestre précédent, la nature de la patente, le montant du loyer, le prix de la patente et la distribution des termes.

R 5

de paiement, confor-
mément au modèle
annexé au présent
Décret.

VIII. La réunion
des rôles formés par
trimestre pour cha-
que municipalité ,
donnera le montant
total du produit du
droit de patentes ,
dont le percepteur
de la communauté
devra compter , à la
déduction des deux
sous pour livre al-
loués à la caisse de
la commune , et de
trois deniers pour *l.*
de taxations , entre
les mains du rece-
veur du district ; et
celui-ci à la trésore-
rie nationale , à la

déduction de ses taxations sur le pied d'un denier pour liv.

IX. Il sera formé, dans les premiers mois de chaque trimestre, pour toutes les communautés du district, un bordereau général du montant des rôles de patentes expédiées pour le trimestre précédent; et le directoire de district adressera une expédition de ce bordereau, signée et certifiée de lui, au receveur du district, et une seconde sera remise au Directoire du Département.

X. Le Directoire du Département,

R 6

aussitôt la réunion
de ces bordereaux ,
en formera un état
général par Districts,
dont une expédition
sera adressée au Mi-
nistre des contribu-
tions publiques, qui
en fera passer une
copie aux commis-
saires de la trésore-
rie nationale.

XI. Il sera etabli
dans chaque Départe-
tement des préposés
sous le nom de *visi-
teurs des rôles*, au
nombre de six au
plus , et dont l'un
aura celui de visi-
teur principal. Ils se-
ront chargés de com-
pulser dans chaque
municipalité le nom-

Loi du 17 Mars 1791. Loi du 9 Oct. 1791.

bre des déclarations
des patentes, et d'ai-
der lesdites munici-
palités à la forma-
tion des matrices de
rôles des contribu-
tions foncière et mo-
biliaire , conformé-
ment à l'article VIII
du Décret des 11 et
13 juin 1791.

XII. Ces visiteurs
seront subordonnés à
un inspecteur général
des rôles , dont la
résidence sera fixée
dans le chef-lieu et
auprès du Directoire
du Département. Les
relevés faits par les
visiteurs des rôles et
visiteur principal ,
seront adressés à cet
inspecteur général,

qui sera chargé de faire former les rôles.

XIII. Les visiteurs, visiteur principal et inspecteur général des rôles, seront tous nommés, pour cette première fois, par le Roi, qui ne pourra les choisir, conformément à l'article III du Décret du 7 mars dernier, que parmi les personnes qui justifieront avoir été précédemm. employées au service de la Nation, dans les administrations réduites ou supprimées.

XIV. A compter du 1.er janvier 1792, jusqu'au 1.er avril 1794, les Directoires de' Département pourvoiront pareillement à ceux des emplois qui deviendroient vacans, en faveur d'employés des anciennes administrations réduites ou supprimées.

XV. A compter dudit jour 1.er avril 1794, les visiteurs des rôles seront choisis et nommés par les directoires de département, parmi les employés de leurs bureaux, ou de ceux des directoires de district.

XVI. Le visiteur principal des rôles sera toujours choisi parmi les visiteurs

ordinaires du dé-
partement ; mais
l'inspecteur général
pourra être choisi
hors du département
parmi tous les visi-
teurs principaux.

XVII. Le traite-
ment des visiteurs
des rôles sera de
1500 livres , dont
1200 livres acquit-
tées sur le produit
des patentes , et
300 livres sur les
sous pour livre ad-
ditionnels du dépar-
tement.

Celui du visiteur
principal sera de
2000 livres , dont
1500 livres sur le
produit des patentes;
et 500 livres sur les
sous pour livre ad-

ditionnels.

Enfin , celui de l'inspecteur général sera de 3600 livres, dont 2400 liv. sur le produit des patentes , et 1200 liv. sur les sous pour livre additionnels.

XVIII. Pourront au surplus, les Directoires de département, délibérer en faveur desdits employés, telles gratifications qu'ils jugeront convenables, de manière cependant que le traitement des visiteurs des rôles ne puisse excéder 1800 livres, celui du visiteur principal , 2400 liv.

Loi du 19 Mars 1791. *Loi du 9 Oct. 1791.*

et celui de l'inspec-
teur général, 4000 l.

XIX. Lorsque les
inspecteurs et visi-
teurs reconnoîtront
la fausseté ou l'in-
suffisance des décla-
rations , ou lors-
qu'ils seront avertis
de cette fausseté par
les municipalités, ils
seront tenus d'en
dresser procès-ver-
bal , qu'ils remet-
tront dans huitaine
au procureur-syndic
du district , pour
être par lui demandé
la rectification de-
vant le directoire du
district.

XVIII. Tout parti-
culier qui aura obtenu une patente , sera obligé,
avant d'en faire usage , de la rapporter à
la municipalité , où il sera apposé un *visa*

au bas de la déclaration prescrite par l'article IX. Tout colporteur et forain sera de plus obligé de faire viser sa patente dans toutes les municipalités , autres que celle de son domicile. Est excepté de cette règle le forain , en temps de foire seulement.

Il sera dressé, dans chaque municipalité, une liste ou un registre alphabétique des noms des personnes qui auront obtenu une patente, ainsi que de ceux des forains ou colporteurs qui auront fait viser les leurs. Cette liste sera déposée au secrétariat de la municipalité , et il sera libre à toute personne de la voir.

XIX. Tout particulier qui fera le négoce, exercera une profession, art ou métier quelconque, sans avoir rempli les formalités prescrites par les articles precédens et s'être pourvu d'une patente, sera condamné à une amende du quadruple du prix fixé pour la patente dont il auroit dû se pourvoir.

XX. Les marchandises qui seront fabriquées

ou mises en vente par des personnes non pourvues de patentes, seront confisquées.

XXI. Toute personne non inscrite sur le registre des pourvus de patentes, pourra être appelée au Tribunal du District, à la réquisition du Procureur - syndic du Département, de celui du District, ou du Procureur de la Commune, pour déclarer, audience tenante, s'il exerce ou non une profession sujette à la patente, et en cas d'aveu, être condamnée aux peines prescrites par le présent Décret.

XXII. Aucun particulier assujetti à prendre une patente, ne pourra former de demande en justice pour raison de son négoce, profession, art ou métier, ni faire valoir aucun acte qui s'y rapporte, par forme ou par moyen d'exception et défense, ou enfin passer aucun acte, traité ou transaction en forme authentique, qui y soit relatif, s'il ne produit sa patente en original ou en expédition, et il en sera fait mention en tête de l'acte ou exploit.

Tout huissier et notaire qui contreviendra

à cette disposition, sera condamné à cinquante livres d'amende pour chaque contravention, et, en cas de récidive, à cinq cents livres.

Aucun acte civil ou judiciaire, aucun exploit fait en contravention au présent article, non plus qu'aucun acte sous seing-privé, relatif à l'exercice d'une profession soumise à la patente, ne pourront être admis à l'enregistrement, si la patente, en original ou en expédition, prescrite pour l'exercice de la profession à laquelle se rapportent lesdits actes ou exploits, n'est représentée au Receveur qui en fera mention, à peine de cinquante liv. d'amende pour chaque contravention, et de cinq cents livres en cas de récidive.

Nul ne pourra pareillement présenter ses registres au Juge, pour recevoir la cotte et le paraphe, dans le cas où ces formalités sont prescrites par les Loix pour l'exercice des professions assujetties à la patente, s'il ne produit en même-temps la patente prescrite en original ou en expédition; et le Juge ne pourra en ce cas, apposer sa cotte et son paraphe, à peine de cinquante livres d'amende pour chaque contravention.

Nul ne pourra être inscrit sur la liste des personnes éligibles aux tribunaux de commerce ou sur celle des officiers servant près des Tribunaux , ou assermentés et sujets à la patente , s'il n'a produit sa patente en original ou en expédition.

Les Commissaires du Roi près des Tribunaux, veilleront à l'exécution du présent Décret.

XXIII. Moyennant le payement d'un triple droit, il sera délivré des patentes de supplément à ceux qui, ayant des actions à exercer , ou des défenses à proposer pour raison d'une profession soumise à la patente , auroient négligé de s'en pourvoir.

XXIV. Nul ne sera admis à faire déduire de sa contribution mobiliaire la taxe proportionnelle à la valeur locative de ses ateliers, chantiers, boutiques et magasins , qu'il n'ait produit sa patente en original ou en expédition.

XXV. Toute personne pourvue d'une patente, pourra, en donnant bonne et suffisante caution, requérir la saisie des marchandises fabriquées ou vendues par des fabricans, ouvriers ou marchands dont les noms ne seroient pas inscrits dans la liste ou registre qui sera tenu au secrétariat de la Municipalité, en vertu de l'article XVIII, et en poursuivre la confiscation.

Le Proc. de la Commune sera obligé de faire ses réquisitions et poursuites, quand il y aura lieu.

XXVI Tout Procureur de Commune qui aura connoissance d'une profession, fabrication ou négoce exercé sans patente, et sans être poursuivi, dans l'étendue d'une autre Municipalité du même District, requerra la saisie, et poursuivra la confiscation des marchandises ainsi fabriquées ou vendues en contravention.

Les Procureurs-syndics de District feront, dans les mêmes cas, les mêmes poursuites et réquisitions dans toute l'étendue de leur District; et les Procureurs-syndics de Département dans toute l'étendue de leur Département.

XXVII. En cas de poursuites exercées par

des particuliers pourvus de patentes, le produit des amendes et confiscations sera partagé par moitié entre le Trésor public et eux ; en cas de poursuites de la part d'un Procureur de Commune, le produit sera partagé entre la caisse municipale et le Trésor public.

En cas de poursuites de la part d'un Procureur-syndic de District ou de Département, le produit appartiendra entièrement au Trésor public, et sera, dans le premier cas, appliqué aux besoins particuliers du District, dans le second, à ceux du Département.

XXVIII. Les contraventions seront constatées et poursuivies dans les formes prescrites pour les procédures civiles, et devant les tribunaux de District.

Le présent Décret sera porté sans délai à l'acceptation du Roi.

RECUEIL alphabétique de Questions sur les PATENTES.

Apothicaires. Peut-on exiger que les apothicaires

apothicaires prennent une *patente supé-rieure*, attendu qu'ils font des distilla-tions, et que l'article XIV de la Loi assujettit les distillateurs à la patente supérieure ?

L'article XIV de la Loi assujettit, il est vrai, les distillateurs à la *patente supérieure* ; mais lorsqu'un apothicaire ne fait que les dis-tillations nécessaires à sa profession, il n'est tenu de prendre qu'une *patente simple*..

Peut-on délivrer à tout citoyen qui se présente une *patente* d'apothicaire.

Non: la Loi du 17 avril 1791, porte expressément: » qu'il ne pourra être délivré de » *patente* pour la préparation, vente et distri-» bution des drogues et médicamens dans l'é-» tendue du Royaume, qu'à ceux qui sont ou » pourront être reçus pour l'exercice de la phar-» macie, suivant les statuts et règlemens con-» cernant cette profession. »

Associés. On peut distinguer dans le commerce trois sortes d'associés.

1.º Les commandataires, c'est-à-dire, ceux qui sans être en nom, sans faire au-

S

cun acte dans le commerce , sans être
tenus à aucun travail , confient leurs
fonds à un négociant.

2.º Ceux qui faisant le commerce sous
une raison collective , par exemple, sous
le nom de *Pierre et compagnie* , ou sous
les noms de *Thomas*, *Guillaume et
compagnie*, se chargent chacun d'une
partie de travail et demeurent ensemble.

3.º Ceux qui, quoique coopérant au
même établissement de commerce , ont
cependant chacun une habitation séparée.

Dans la première espèce , la *patente*
est-elle due ?

Dans les deux dernières , chaque individu doit-il se pourvoir d'une *patente*,
et quelle base doit-on prendre pour la
fixation du prix de la *patente* ?

La *patente* doit être prise sous la raison de
la compagnie ou société de commerce. Le prix
doit en être payé d'après la valeur locative dé
l'habitation personnelle de celui qui a la signature , et de tous les magasins et atteliers de la
société.

L'habitation des associés ayant une autre
demeure, ne doit pas y être comprise: car com-

ment les connoître, sur-tout ceux en commandite? mais ces associés n'habitant point le local qu'occupe l'établissement de la société, ne peuvent faire, pour leur compte personnel, aucun acte de négociant, sans se pourvoir particulièrement d'une *patente*.

Aubergistes. Quelle *patente* doivent les aubergistes, et sur quel pied doit-elle être fixée ?

Ils doivent la *patente-supérieure*, conformément à l'article XIV de la Loi, à raison de la valeur locative de l'habitation, des cours, écuries, remises, &c.

Avoué. Les Avoués sont-ils tenus de se pourvoir de *patentes* ?

Ils ne sont pas exceptés par la Loi, et doivent se pourvoir de la *patente-simple*.

Bouchers. 1. Un boucher peut-il être assimilé à ceux qui vendent du poisson dans les marchés publics, et qui sont exempts de *patentes* d'après l'art. VIII de la Loi, lorsqu'ils n'ont ni boutiques ni échoppes ?

S 2

Non: un boucher doit prendre une *patente-simple.*

2. Un boucher peut-il être assimilé aux boulangers, et n'être assujetti qu'à la *demi-patente ?*

Non: un boucher doit prendre une *patente-simple.*

3. Un boucher qui va quelquefois aux foires, hors de son domicile, étaler de la viande, doit-il avoir une *patente de colporteur ?*

Il doit prendre une *patente-simple* quand il n'étale qu'en temps de foire, (*article XVI de la Loi du 17 mars 1791.*) ; mais s'il étale hors de son domicile en autre temps, il doit prendre une *patente* de colporteur.

4. Un boucher qui est en même-temps aubergiste, doit-il avoir une *patente supérieure ?*

Oui: l'article XIV de la Loi est formel à cet égard.

5. Un boucher qui vend les jours de foire et marché, du cidre et de l'eau-de-vie, et qui ne loge personne, doit-il prendre une *patente-supérieure ?*

Oui, suivant le même article de la Loi.

Boulangers. 1. Un boulanger qui exerce une autre profession, doit-il prendre, outre la *demi patente*, une *patente-simple* ?

Un boulanger ne doit jamais prendre qu'une *patente*; savoir, la *demi-patente*, s'il se borne à la profession de boulanger ; la *patente-simple*, s'il exerce en outre une profession autre que celles énoncées dans l'article XIV ; ou enfin la *patente-supérieure*, s'il exerce une de ces dernières professions.

2. Quelle espèce de *patente* est due par un boulanger vendant son pain aux marchés hors de son domicile ?

S'il n'est que boulanger, il ne doit toujours que la *demi-patente* qu'il a dû prendre au lieu de son domicile.

Buraliste de la poste aux lettres. Le buraliste de la poste aux lettres doit-il prendre une *patente* ?

Il est nommé par l'administration à laquelle il appartient, et peut être révoqué par elle. Il est salarié aux dépens du trésor public, il

S 3

est conséquemment dispensé de se pourvoir de patente, aux termes de l'article VII de la Loi, à moins qu'il n'exerce une profession étrangère aux fonctions de son emploi.

Cabaretier de campagne. Un cabaretier de campagne qui ne vend du vin et ne donne à manger ordinairement que les fêtes et dimanches, doit-il payer la totalité du droit de *patente*, fixé par la Loi ?

Il ne peut se dispenser de prendre la *patente-supérieure*, suivant l'article XIV de la Loi.

Cessation de commerce ou *profession.* La cessation d'un commerce ou d'une profession peut avoir lieu, soit volontairement, soit par mort, soit par faillite.

1. Si le négociant ou le particulier qui exerce une profession quelconque, cesse ce commerce ou cette profession, soit volontairement, soit par faillite, soit par mort dans le cours d'un trimestre, la *patente* est-elle due pour le temps seulement qui s'est écoulé depuis le premier

jour du trimestre jusqu'à l'époque de la cessation volontaire, de la faillite ou de la mort, ou est-elle due pour le trimestre entier, ou enfin pour l'année entière ?

La *patente* est due pour le trimestre entier, aux termes de l'article IX de la Loi du 17 mars 1791, qui veut que le droit de *patente* soit payé par trimestre, dans les mois de décembre, mars, juin et septembre.

2. Si le fils succède immédiatement au commerce ou à la profession de son père, décédé pendant le cours d'un trimestre, doit-il se pourvoir d'une *patente* pour ce même trimestre ?

Le fils est tenu de se pourvoir d'une *patente* pour tout le trimestre pendant lequel son père est décédé; conformément à l'article XI de la loi du 17 mars 1791.

Charpentier ou *Charon de campagne.* Un charpentier ou un charon qui n'ont pas de boutique, et qui vont travailler à la journée seulement quand on les appelle, et qui d'ailleurs, pendant une grande partie de l'année, travail-

lent à la terre, sont-ils assujettis au droit
de *patente* ?

Il ne doivent la *patente-simple* que s'ils font
des entreprises ou travaillent pour leur compte
particulier ; s'ils ne sont que simples manœuvres
et qu'ils ne payent pas la taxe établie à raison des trois journées de travail , ils sont
exempts de *patentes*.

Chefs de Terrassiers , Maçons , etc.
Les chefs de terrassiers, maçons, etc. ,
qui vont dans les campagnes à la tête de
leurs ouvriers, travailler par entreprise,
doivent-ils une *patente* ?

. Ce sont de simples manœuvres; ils ne sont
tenus de prendre de *patentes* que lorsqu'ils
payent la taxe mobiliaire de trois journées de
travail, conformément à l'article VII de la Loi.

Colporteur. Un colporteur doit 50 liv.
quand il a un cheval ; doit-il davantage
quand il a deux ou plusieurs chevaux ?

Il ne doit qu'une *patente* de 50 livres.

Un colporteur doit 80 livres quand il
a une voiture, doit-il davantage quand
il en a plusieurs ?

Il ne doit avoir qu'une *patente* de 80 livres.

Commis de Marchands. Les commis d'un marchand domicilié, sont-ils dans l'obligation de se pourvoir d'une *patente?*

Non: ils apprennent une profession; ils ne l'exercent pas.

Les commis qui voyagent pour le compte d'un marchand, doivent-ils prendre des *patentes?*

Non: par la raison ci-dessus exprimée.

Cultivateurs Charbonniers. Les cultivateurs qui sont en même-temps charbonniers, qui transportent et vendent leurs charbons dans les communautés voisines, demandent s'ils doivent prendre une *patente-simple ou de colporteur*, ou plutôt s'ils ne sont pas exempts du droit.

La même question se présente pour les vendeurs de bois de charpente, bois à brûler et fagots.

Tout propriétaire cultivateur qui convertit son bois en charbon, ou vend des bois de charpente ou des fagots provenant de son héritage, ne doit pas de *patentes.*

Ceux-là seuls sont astreints à prendre une patente, qui achètent les bois et les charbons, et qui en font commerce.

Double profession. Un particulier qui réunit deux ou plusieurs professions, doit-il prendre deux ou plusieurs *patentes* ?

Il ne doit qu'une seule *patente*, dont le prix doit être réglé à raison de tous les bâtimens qu'exigent les différentes professions qu'il exerce ; mais cette *patente* doit être la *patente supérieure*, si parmi ces différentes professions il en exerce une de la nature de celles désignées par l'article XIV.

Duplicata de patente. Peut-on accorder un duplicata de *patente* à un colporteur qui annonce avoir égaré la sienne ?

Ce duplicata ne peut être délivré que sur l'avis de la municipalité où la soumission a été faite, et par le directoire de district où la *patente* égarée avoit été expédiée, et en justifiant que le prix en a été acquitté.

Entrepôt de Manufactures. Un manufacturier qui a dans la capitale ou dans es principales villes du royaume un magasin où il fait vendre les marchandises de sa manufacture située dans un autre endroit, doit-il une *patente* au lieu où est situé sa manufacture, et une *patente* au lieu où est situé l'entrepôt ?

Toute *patente*, celle de colporteur exceptée, n'a d'effet que dans le ressort d'une seule municipalité; ainsi le manufacturier doit prendre une *patente* dans tous les lieux où il a un entrepôt.

Habitation personnelle. L'art. XII de la Loi du 17 mars 1791, s'exprime ainsi :

» Le prix des *patentes* annuelles pour
» les négoces, arts, métiers et professions,
» autres que ceux qui seront ci-après
» exceptés, sera réglé à raison du prix
» du loyer ou de la valeur locative d'ha-
» bitation, des boutiques, magasins et
» ateliers occupés par ceux qui les de-
» manderont et dans les proportions sui-
» vantes. etc. »

Comme dans les premiers imprimés de cette Loi, il n'y avoit point de virgule après le mot *habitation*, on en avoit

conclu dans quelques départemens que
la *patente* n'étoit pas due à raison de
la valeur locative de l'habitation personnelle, mais seulement à raison de la valeur locative des boutiques, magasins,
ateliers, etc.

Quelle est à cet égard, la véritable
disposition de la loi ?

L'omission de la virgule est une faute ty-
pographique, et il suffit d'ailleurs, pour se
fixer sur le véritable texte de la Loi, de rapro-
cher de l'article XII l'article IX précédent,
qui est conçu en ces termes :

» Tout particulier qui voudra se pourvoir
» d'une *patente*, en fera, dans le mois de dé-
» cembre de chaque année à la municipalité
» du ressort de son domicile, sa déclaration,
» laquelle sera inscrite sur un registre à sou-
» che ; il lui en sera délivré un certificat con-
» pé dans la feuille de sa déclaration. Ce cer-
» tificat contiendra son nom et la valeur lo-
» cative de *ses habitation, boutique, maga-
» sin et atelier,* etc. »

Hôtel garni. Les maîtres des hôtels
leur

garnis, locataires ou propriétaires, doivent-ils prendre une *patente* à raison de
leur habitation personnelle seulement,
ou à raison de la totalité de l'hôtel garni.

Ils doivent la *patente-simple* a raison de la totalité des bâtimens, cours et hangars de l'hôtel
garni.

*Hôteliers donnant à boire ou à man-
ger. voyez Aubergistes.*

Huissiers, Huissiers-priseurs. Les
huissiers sont-ils tenus de se pourvoir
de *patente* ?

Oui : ils ne sont pas exceptés par la Loi.

Maître de Forges. Un maître de forges, propriétaire ou locataire, doit-il
prendre une *patente ;* et quelle base
doit-on suivre pour la fixer ?

Tout maître de forges doit se pourvoir
d'une *patente.* Elle ne doit pas être fixée à
raison de la valeur des matières et des ali-
mens qui peuvent être nécessaires à l'exploitation de la forge, mais à raison des habitation, cour, hangar et magasin.

Maître de Poste. Les maîtres de poste
aux chevaux qui ne tiennent pas auberge

T

et ne font aucune sorte de commerce, doivent-ils se pourvoir de *patente*?

Non.

Maître donnant des leçons particulières. Les maîtres qui vont donner dans les maisons des citoyens, des leçons de grammaire, de dessin, de musique, de danse, doivent-ils prendre une *patente*?

Ils doivent la *patente-simple*.

Manufacturier. Un manufacturier qui fabrique différentes sortes d'objets, et qui embrasse plusieurs commerces, ne doit-il prendre qu'une *patente*?

Il ne doit prendre qu'une *patente simple*.

Marchands et Colporteurs. Les marchands domiciliés avec boutique ouverte sont-ils tenus, lorsqu'ils vont colporter, de prendre deux *patentes*?

Ils doivent prendre deux *patentes*, l'une *simple*, l'autre de *colporteur*, lorsqu'ils colportent hors de l'enceinte de leur municipalité.

Marchand forain étranger. Un étranger, colportant et vendant des marchandises, est-il tenu de se pourvoir de *patente*, et à qui doit-il s'adresser pour cela faire délivrer ?

Il est tenu de se pourvoir d'une *patente de colporteur*, dans le lieu où il a choisi son domicile.

Mari, Femme et Fille. Un mari, une femme et leur fille exercent différentes professions ; doivent-ils prendre une ou plusieurs *patentes* ?

Ils doivent prendre chacun une *patente* relative à la portion d'habitation, magasins, ateliers, etc. qu'ils occupent, si toutefois ils sont cotisés séparément à la contribution mobiliaire.

Meûnier. Un meûnier qui tient un moulin à ferme, doit-il se pourvoir d'une *patente* ? et quelle doit être la base pour sa fixation ?

Tout meûnier doit se pourvoir d'une *patente* ; elle ne doit pas être fixée d'après la valeur du cours d'eau, mais d'après la valeur locative des habitation, cour, hangar et magasin.

Mineur demeurant chez son père. Un mineur demeurant chez son père, et exerçant une profession, doit-il prendre une *patente* ?

Oui.

T 2

Négocians en vin. Un négociant com-
missionnaire. marchand de vin en gros,
doit-il la *patente-simple* ou bien la *patente-supérieure* !

La Loi assujettit les marchands de vin, sans
distinction des marchands en gros et en détail,
à prendre la *patente-supérieure*.

Notaire. Un notaire est-il tenu de se
pourvoir de *patente* ?

Non, suivant l'article XVI de la Loi du
6 octobre 1791, conçu en ces termes :

» Il sera déposé par chaque Notaire public,
» à titre de garantie des faits de ses fonctions,
» un fonds de responsabilité en deniers, dont
» le versement se fera entre les mains des re-
» ceveurs de districts qui en feront aussitôt
» la remise au trésor national. Les notaires
» n'en recevront aucun intérêt, mais ils seront
» exempts de tous droits de *patentes.* »

Un notaire qui réunit à son état celui
d'avoué auprès du tribunal du district,
doit-il prendre une *patente* pour chacune
de ces professions ?

L'article III de la même loi , du 6 octobre 1791 , s'exprime ainsi :

» L'exercice des fonctions de Notaire public est incompatible avec celui des fonctions d'avoué et de greffier , et avec la recette des contributions publiques ».

Ainsi , il ne peut plus exister de question sur cet objet.

Orfévres. Les orfévres prétendent n'être pas sujets au droit de *patente*, d'après la Loi du 3 avril, qui porte que les réglemens anciens continueront d'être exécutés.

Ils doivent prendre une *patente-simple.*

Ouvriers. Les lingères , modistes , tailleurs qui, sans avoir boutique ouverte, vont en journée chez les particuliers ou travaillent en chambre , sont-ils sujets au droit de *patente* ?

Ils ne doivent pas de *patentes* quand ils ne sont que des journaliers.

Particuliers vendant du vin. Les particuliers qui vendent du vin, de la bière, à pinte et à pot, et qui ne payent

T 3

pas la taxe de trois journées de travail, doivent-ils prendre une *patente* !

Non , suivant l'article VII de la Loi.

Potiers de terre et Sabotiers. Les potiers de terre et sabotiers, qui n'ont d'autre asyle que des baraques couvertes de feuillages , doivent-ils une *patente* !

On n'est tenu de prendre une *patente* que lorsque l'on paye la taxe de trois journées de travail , conformément à l'article VII de la Loi du 7 mars 1791.

Propriétaires faisant bouillir. Un propriétaire laboureur ou autre , qui fait bouillir pour extraire des eaux-de-vie, et qui les vend chez lui ou les fait transporter, doit-il prendre une *patente*?

Il ne doit pas de *patente* lorqu'il se borne à faire bouillir les productions de son crû, à moins qu'il ne les vende à pinte et à pot.

Receveurs de loterie. Les receveurs de loterie sont-ils tenus de se pourvoir de *patente* ?

Ces receveurs sont nommés par l'administration à laquelle ils appartiennent ; ils peuvent être révoqués; leurs salaires sont payés sur les revenus de l'Etat ; ils sont conséquemment dispensés de l'obligation de se pourvoir de *patentes* aux termes de l'article VII de la Loi, à moins qu'ils n'exercent une profession étrangère aux fonctions de leurs emplois.

Salines. Les propriétaires de salines qui fabriquent du sel et le vendent dans les marchés, doivent-ils prendre une *patente* ?

Les propriétaires ne doivent de *patente* dans aucun cas pour la vente des denrées qu'il récoltent, leurs vins exceptés, lorsqu'ils les vendent en détail.

Suisses de Maison. Les suisses d'hôtels, ou portiers qui donnent à boire, sont-ils tenus de se pourvoir de *patente*, et sur quelle base doit être la *patente* ?

Ils doivent prendre la *patente supérieure*, conformément à l'article XIV de la Loi, d'après l'évaluation faite par la municipalité, de la valeur locative de l'emplacement qu'ils occupent.

Traiteurs-Restaurateurs. Voyez Aubergistes.

T 4

Voiturier. La profession de voituriers se d visé en deux classes ; voiturier par terre et voiturier par eau.

Les voituriers par terre se distinguent en différentes espèces :

Le voiturier qui ne sert que les voyageurs ;

Celui qui voiture les personn s et les marchandise ?

Les roulier, et ceux qui transportent les marchandises à dos de mulet.

Ceux dont le service est affecté à une seule marchandise, connus sous les noms de *blaters-chartiers* voiturant le c arbon de terre , les bois, les fers , etc.

Il en est une der iere espece , que l'on nomme *bouviers.*

Ceux-ci se destinent plus particul èrement au transport des bois et des marc an-dises qui garnissent les marchés de comestibles. Rarement ils entr prennent des voiturages éloignés qui les obligeroient à découcher plusieurs jours ;

Les voituriers par eau se distinguent pareillement en plusieurs espèces :

Ceux qui voiturent les personnes et les marchandises ;

Ceux qui chargent des marchandises pour leur compte et pour celui des commerçans ;

Ceux qui ne voiturent uniquement que pour le compte d'autrui ;

D'autres enfin, qui n'emploient leurs bateaux qu'au passage des rivières.

Il faut aux uns des écuries, des remises, des hangars, des magasins proportionnés à l'étendue de leurs entreprises et de leur commerce ; aux autres, des chantiers de construction, de radoubs, des magasins ; à tous enfin, un logement relatif à leurs besoins.

Tout voiturier doit prendre une *patente-simple*, et le prix de cette *patente* doit être fixé à raison de la valeur locative de l'habitation, des chantiers, hangars, magasins, conformément à l'article XII de la Loi.

Il n'y a d'excepté de l'obligation de prendre des *patentes*, que ceux de ces voituriers qui ne seroient pas compris au rôle de la contribution mobiliaire, pour la taxe des trois journées de travail.

RÉPARTITION,

RECOUVREMENT, &c.

LOI

DU 10 AVRIL 1791,

Relative aux Contributions fonciere et mobiliaire.

LOUIS, par la grâce de Dieu, etc.

Décret des 16 et 17 Mars 1791.

ART. I.er La contribution mobiliaire sera, pour l'année 1791, de soixante-six millions, dont soixante pour le Trésor public, trois à la disposition de la Législature, pour être employés conformément aux articles VI et VII du Décret du 13 janvier 1791, et trois millions à la disposition des Administrations de Département, pour être employés par elles en décharges ou réductions, remises ou modérations conformément aux mêmes articles.

II. La contribution foncière sera pour l'année 1791 , de deux cent quarante millions , qui seront versés en totalité au Trésor public.

III. Tout contribuable cependant, qui justifieroit avoir été cotisé à une somme plus forte que le sixième de son revenu net foncier , à raison du principal de la contribution foncière , aura droit à une réduction, en se conformant aux règles qui ont été ou qui seront prescrites.

IV. Il sera perçu en outre de ce principal un sou pour livre formant un fond de non-valeur de douze millions , dont huit seront à la disposition de la Législature, pour être employés par elle en réductions ou secours pour les Départemens , et quatre seront à la disposition des Administrations de Département , pour être employés par elles en décharges ou réductions.

V. Les Départemens et les Districts fourniront aux frais de perception et aux dépenses particulières mises à leur charge par les Décrets de l'Assemblée Nationale , au moyen de sous et deniers additionels , en nombre égal sur les contributions foncière et mobiliaire , sans que ces accessoires puissent excéder quatre sols pour livre du principal de chacune de ces deux contributions.

VI. Si pour l'année 1791 , dans quelques Départemens ou quelques Districts, les quatre sols pour livre mentionnés en l'article précédent , étoient insuffisans , le Corps législatif y suppléera pour cette fois seulement, et par un secours pris sur les fonds de la Caisse de l'Extraordinaire, sans que, pour l'avenir, pareil secours puiss · leur être accordé.

VII. Les Municipalités fourniront pareillement à la rétribution et aux taxations de leurs receveurs, au moyen de deniers additionnels aux contributions foncière et mobiliaire.

VIII. Les sous et deniers additionnels que les Départemens , les Districts et les Municipalités auront à imposer en exécution des articles précédens, seront répartis sur chaque rôle, dans une colonne particulière , au marc la livre de la cote de chaque contribuable.

Mandons et ordonnons , etc.

L O I

DU 3 JUIN 1791,

*Sur la répartition des Trois cents mil-
lions de Contributions foncière et
mobiliaire pour l'année 1791.*

LOUIS, par la grâce de Dieu , etc.

Décret du 27 Mai 1791.

L'ASSEMBLÉE NATIONALE décrète que
les principaux des Contributions foncière et mobiliaire pour 1791 , seront
répartis, entre les quatre-vingt-trois Départemens du Royaume , ainsi qu'il suit:

	Foncière.	Mobiliaire.	Total.
1. *Ain.*	1,452,500	285,400	1,737,900
2. *Aisne.*	4,757,900	991,700	5,749,600
3. *Allier.*	1,978,800	437,700	2,416,500
4. *Alpes (hautes)*	728,500	168,800	897,300

5. *Alpes (basses)*

  921,100 213,900 1,135,000

6. *Ardèche.*

  1,221,800 276,900 1,505,000

7. *Ardennes.*

  2,576,300 572,800 3,149,100

8. *Arriége.*

  745,600 157,100 902,700

9. *Aube.*

  2,711,600 608,600 3,320,200

10. *Aude.*

  2,577,200 552,500 3,129,700

11. *Aveiron.*

  3,164,000 668,100 3,832,100

12. *Bouches-du-Rhône.*

  2,226,800 944,600 3,171,400

13. *Calvados.*

  5,684,700 1,212,500 6,897,200

14. *Cantal.*

  2,649,300 617,900 3,267,200

15. *Charente.*

  2,704,400 571,900 3,276,300

16. *Charente inférieure.*

  3,656,100 692,400 4,348,500

17. *Cher.*

    1,558,900   350,200   1,909,100

18. *Corrèze.*

    1,856,700   427,700   2,284,400

19. *Corse.*

    223,900   60,900   284,800

20. *Côte-d'Or.*

    3,387,400   721,800   4,109,200

21. *Côtes-du-Nord.*

    2,163,500   403,200   2,566,700

22. *Creuze.*

    1,510,600   374,800   1,885,400

23. *Dordogne.*

    2,805,100   585,000   3,390,100

24. *Doubs.*

    1,348,800   285,100   1,633,900

25. *Drome.*

    1,684,800   376,500   2,061,300

26. *Eure.*

    4,983,000   986,900   5,969,900

27. *Eure et Loir.*

    3,874,700   929,800   4,804,500

28. *Finistère.*

    1,742,900   650,200   2,393,100

29. *Gard.*

    2,297,300   486,500   2,783,800

30. *Garonne (haute)*

    3,775,900   833,000   4,608,900

31. *Gers.*

    2,714,700   580,800   3,295,500

32. *Gironde.*

    3,958,900   1,308,400   5,267,300

33. *Héraut.*

    3,483,900   766,500   4,250,400

34. *Isle et Villaine.*

    2,604,300   542,400   3,146,700

35. *Indre.*

    1,399,700   329,100   1,728,800

36. *Indre et Loir.*

    2,432,000   554,700   2,986,700

37. *Isère.*

    3,181,800   735,500   3,917,300

38. *Jura.*

    1,725,700   415,600   2,141,300

39. *Landes.*

    1,251,300   267,000   1,518,300

40. *Loir et Cher.*

    2,262,100   580,200   2,842,300

41. Loire (haute)
    1,629,500   351,100   1,980,600

42. Loire inférieure.
    2,034,200   946,500   2,980,700

43. Loiret.
    3,241,500   644,800   3,886,300

44. Lot.
    3,060,300   611,700   3,672,000

45. Lot et Garonne.
    3,194,800   697,600   3,892,400

46. Lozère.
    843,900   179,600   1,023,500

47. Maine et Loire.
    3,871,500   884,800   4,756,300

48. Manche.
    5,051,800   1,093,300   6,145,100

49. Marne.
    4,151,800   925,800   5,077,600

50. Marne (haute)
    2,365,000   514,200   2,879,200

51. Mayenne.
    3,040,600   707,900   3,748,500

52. Meurte.
    2,247,700   336,700   2,584,400

53. *Meuse.*

    2,159.100   428,400   2,587,500

54. *Morbihan.*

    1,926,600   403,000   2,329,600

55. *Moselle.*

    2,448,500   432,600   2,881,100

56. *Nièvre.*

    1,913,000   411,200   2,324,200

57. *Nord.*

    5,175,800   1,083,400   6,259,200

58. *Oise.*

    4,898,700   1,046,500   5,945,200

59. *Orne.*

    3,558,600   775,000   4,333,600

60. *Paris.*

    12,571,400   8,158,200   20,729,600

61. *Pas-de-Calais.*

    3,326,500   509,500   3,836,000

62. *Puy-de-Dôme.*

    3,789,200   849,100   4,638,300

63. *Pyrénées (hautes)*

    752,100   135,400   887,500

64. *Pyrénées (basses)*

    1,013,800   199,800   1,213,600

65. *Pyrénées Orientales.*

    883,000   159,800   1,042,800

66. *Rhin (haut)*

    1,855,000   405,600   2,260,600

67. *Rhin (bas)*

    2,369,300   503,000   2,872,300

68. *Rhône et Loire.*

    6,333,000   1,921,100   8,254,100

69- *Saône (haute)*

    1,765,300   372,000   2,137,300

70. *Saône et Loire.*

    3,661,900   751,200   4,413,100

71. *Sarte.*

    3,796,100   859,200   4,655,300

72. *Seine et Oise.*

    7,342,400   1,611,900   8,954,300

73. *Seine inférieure.*

    7,057,400   2,364,300   9,421,700

74. *Seine et Marne.*

    5,450,800   1,200,200   6,651,000

75. *Deux Sèvres.*

    2,546,500   555,100   3,101,600

76. *Somme.*

    5,581,600   1,186,400   6,768,000

77. *Tarn.*
    2,621,800   589,300   3,211,100
78. *Vard.*
    1,788,800   408,700   2,197,500
79. *Vendée.*
    2,572,900   565,600   3,138,500
80. *Vienne.*
    1,718,900   337,600   2,056,500
81. *Vienne (haute)*
    1,810,100   417,200   2,227,300
82. *Vosges.*
    1,638,100   315,900   1,954,000
83. *Yonne.*
    2,950,400   625,200   3,575,600

Total général des principaux des deux contributions foncière et mobiliaire.

240,000,000 60,000,000 300,000,000

Mandons et ordonnons etc.

LOI

DU 17 JUIN 1791.

Relative aux Contributions foncière et mobiliaire.

Louis, par la grâce de Dieu, etc.

Décret des 11 et 13 Juin 1791.

L'Assemblée Nationale n'ayant pas encore déterminé l'époque de l'année à laquelle les conseils de Département et de District tiendront leurs sessions annuelles, statué si la répartition des contributions directes leur sera spécialement attribuée, décrète provisoirement ce qui suit :

I. Aussitôt que les directoires de Département auront reçu le Décret du 27 mai dernier, ils feront, entre leurs Districts, la répartition de la portion contributive assignée à chaque Département dans les Contributions foncière et mobiliaire pour l'année 1791, enverront, aux directoires de District, deux commissions séparées, qui fixeront le contingent de chaque District dans chacune des deux contributions.

II. Aussitôt que les commissions des directoires de Département seront parvenues aux directoires de District, ceux-ci feront, entre les Communautés, la répartition du contingent assigné à leur District, et enverront à ces Communautés deux mandemens, qui fixeront la cotte-part de chacune des deux contributions.

III. La commission du directoire du Département, pour chacune des deux contributions, contiendra, par articles séparés, la fixation, 1.º du principal des contributions, soit foncière, soit mobiliaire; 2.º des sous additionnels au marc la livre du principal de l'une et de l'autre contribution, destinés au fonds de décharges et modérations; et 3.º des sous et deniers additionnels qui seront nécessaires pour les dépenses à la charge du Département.

IV. Le mandement du directoire du District contiendra de même, par articles séparés, la fixation, 1.º du principal des contributions, soit foncière,

soit mobiliaire ; 2.º des sous additionnels
destinés aux fonds de décharges et modérations ; 3.º des sous et deniers additionels destinés aux frais et dépenses
du Département ; 4.º des sous et deniers
additionnels pour les frais et dépenses
du District, et taxations de son receveur, sans que ceux-ci réunis à ceux
du Département, puissent excéder, pour
la présente année 1791, les quatre sous
pour livre du principal des contributions.

V. Les préambules des rôles des contributions pour les Municipalités, énonceront la fixation, 1.º du principal des
contributions ; 2.º des sous additionnels
destinés aux fonds de décharges et modérations ; 3.º des sous et deniers additionnels pour le Département ; 4.º des
sous et deniers additionnels pour le District ; 5.º les deniers additionnels à répartir pour les taxations du receveur de
la Communauté.

VI. Quand aux sous et deniers additionnels nécessaires aux Municipalités
pour leurs dépenses locales, ils seront,
pour la présente année, rapportés par
émargement sur la colonne du rôle à ce

destinée, aussitôt après que l'état en aura été arrêté par les directoires de Département sur l'avis des directoires de District, et d'après la demande que les Municipalités en formeront dans le plus court délai.

VII. Dans la huitaine qui suivra la réception du présent Décret, les directoires de District nommeront un ou plusieurs Commissaires, qui se rendront dans les Communautés dont les limites n'auroient pas encore été fixées. Ces Commissaires procéderont à la délimitation en présence des Officiers municipaux des Communautés intéressées, et enverront leur procès-verbal au directoire du District, pour y être par lui statué, et son arrêté être provisoirement exécuté, sauf le recours au Département.

VIII. Les directoires de District nommeront aussi des Commissaires, qui seront chargés d'aider les Municipalités dont les matrices de rôles seront en retard, et de les parachever.

IX. Ces Commissaires seront payés par les Communautés, suivant l'état qui sera dressé par le directoire du District, arrêté et ordonnancé par le directoire du Département, et le payement sera fait sur les fonds provenus des impositions des privilégiés pour les six derniers mois de 1789, ou sur les revenus des biens communaux ; et à défaut des susdits fonds, s'il n'en existe point dans la communauté, la somme sera répartie sur elle, et l'avance faite par le Receveur du District, qui s'en remboursera sur les premiers deniers de sa recette.

Mandons et ordonnons etc.

L O I
DU 29 JUIN 1791,

Relative aux payemens des Contribu-tions foncière et mobiliaire.

LOUIS, par la grâce de Dieu, etc.

Décret du 28 Juin 1791.

I. Dans les communautés dont les ma-trices de rôles seront déposées au secré-tariat du District avant le 15 juillet pro-chain, le recouvrement se fera confor-mément aux loix sur les Contributions

V.

foncière et mobiliaire, et les *quartiers*
échus seront acquités, savoir, le *quar-*
tier de janvier avant le 31 juillet ; la
première moitié du quartier d'avril
avant le 31 août, et la *seconde moitié*
du même quartier avant le 30 septembre
prochain.

II. Dans les communautés dont les
matrices de rôles n'auront pas été déposées au secrétariat du District avant
le 15 Juillet prochain, les contribuables
payeront, sur les Contributions foncière
et mobiliaire de 1791, un à - compte,
dont le montant sera égal à la moitié
de leur cotisation dans les rôles des
impositions indirectes de 1790.

III. En conséquence, il sera payé par
chaque contribuable, avant le 31 Juillet, un *quart* de sa cotisation aux rôles
de 1790, un *huitième* avant le 31 août,
et un autre *huitième* avant le 30 septembre prochain.

IV. A cet effet, dans les communautés qui n'auront pas encore nommé leur
receveur, les officiers municipaux et notables choisiront un des habitans de la
communauté, pour être dépositaire des

sommes qui devront être ainsi payées par à-compte, et le proclameront le premier dimanche qui suivra la publication du présent Décret.

V. Les officiers municipaux et notables, assistés du collecteur porteur des rôles de 1790, et en présence des habitans assemblés, commenceront par inscrire leurs propres noms, et le montant total de leurs impositions de 1790 ; ils en payeront aussitôt le *quart* qui sera la moitié de l'à-compte demandé.

Les autres contribuables seront inscrits à la suite, et effectueront aussi le payement du *quart* de leurs impositions de 1790, avant le 31 juillet prochain, et l'autre *quart* dans les deux époques fixées par l'article III.

Les états ainsi complettés seront rendus exécutoires par les directoires de District ; et ceux des contribuables qui n'auroient pas satisfait à leur obligation dans les termes prescrits, y seront contraints par les voies ordinaires.

VI. Les contribuables qui voudront anticiper leurs payemens, ou même donner des à-comptes plus considérables,

V i

le pourront faire valablement entre les mains du dépositaire ou receveur.

VII. Chaque contribuable sera inscrit sur le registre, sous un numéro, et il lui sera donné, sous le même numéro, par le dépositaire ou receveur, quittance de ses payemens.

VIII. Conformément à l'article X du titre V de la Loi du 1.er décembre 1790, tous fermiers ou locataires seront tenus de payer, en l'acquit des propriétaires, les trois termes de cet à-compte, pour les biens qu'ils auront pris à ferme ou à loyer, et les propriétaires seront tenus de recevoir le montant des quittances de cet à-compte pour comptant sur le prix des fermages ou loyers.

IX. Ces payemens seront imputés sur les Contributions foncière et mobiliaire des contribuables : si ceux faits par un fermier excédoient la somme à laquelle il sera cotisé aux rôles de 1791, l'imputation de cet excédant se fera sur la cotte du propriétaire à la Contribution foncière.

Dans le cas où l'à-compte excéderoit les cotisations définitives du fermier et du propriétaire sur les rôles des Contributions foncière et mobiliaire, il sera fait restitution du surplus, par le Receveur de la communauté, lorsque cesdits rôles seront mis en recouvrement, sur les premiers deniers de sa recette.

X. Le receveur ou dépositaire versera, tous les quinze jours, entre les mains du receveur de District, les sommes qu'il aura reçues.

XI. Le receveur de District délivrera au receveur ou dépositaire de chaque communauté, un récépissé de chaque versement qui aura été fait dans sa caisse.

XII. Les récépissés délivrés par le receveur du District, seront imputés sur les Contributions foncière et mobiliaire de la communauté.

XIII. Les membres du directoire du District formeront, de quinzaine en quinzaine, un bordereau indicatif de la totalité des sommes recouvrées par le receveur du District, et l'adresseront aux Commissaires du Roi à la Trésorerie nationale.

XIV. Dans les villes qui étoient abonnées et tariffées pour partie de leurs impositions directes, l'à-compte sera de la totalité du montant des rôles qui y ont été ou dû être faits pour 1790.

XV. Aussitôt que les rôles de la Contribution foncière et de la Contribution mobiliaire de 1791 seront rendus exécutoires, les Officiers municipaux se féront représenter l'état des sommes payées à-compte, et feront d'abord, sur le rôle de la Contribution mobiliaire, article par article, l'émargement des sommes payées pour à-compte par chaque Contribuable.

Dans le cas où l'à-compte payé excédera la cotte de Contribution mobiliaire, l'excédent sera émargé de la même manière sur le rôle de la Contribution foncière.

Enfin, pour les à-comptes payés par les fermiers ou locataires, qui excéderoient leur cotisation aux rôles des Contributions foncière et mobiliaire, il en sera fait émargement aux articles des propriétaires.

XVI. Tous les émargemens des payemens à-compte étant opérés sur les rôles, tant de la Contribution foncière que de la Contribution mobiliaire, le registre desdits payemens à-compte restera déposé aux archives de la Municipalité; et le récépissés étant entre les mains du dépo-

-sitaire ou receveur, seront remis par lui au receveur des Contributions foncière et mobiliaire de 1791, après que lesdits récépissés auront été visés par les Officiers municipaux, et qu'ils auront vérifié que les sommes versées entre les mains dudit receveur ou dépositaire, forment le même total que celui des récépissés qui lui auront été délivrés par le receveur du District.

L O I

DU 14 OCTOBRE 1791,

Concernant la répartition et la fixation des Contributions foncière et mobiliaire et la prorogation des Contributions indirectes, pour l'année 1792.

LOUIS, par la grâce de Dieu, etc.

Décret du 29 septembre 1791.

I. La contribution foncière sera, pour l'année 1792, de deux cent quarante millions, qui seront versés en totalité au trésor public.

II. La contribution mobiliaire sera, pour l'année 1792, de soixante millions, qui seront versés en totalité au trésor public.

III. Il sera perçu, en outre du principal de deux cent quarante millions pour la contribution foncière, un sou pour livre, formant un fonds de non-valeur de douze millions, dont huit seront à la disposition de la Législature, pour être employés par elle en dégrèvemens ou secours pour les départemens, et quatre seront à la disposition des administrations de départemens, pour être employés par elles en décharges ou réductions, remises ou modérations.

IV. Il sera perçu, en outre du principal de soixante millions pour la contribution mobiliaire, deux sous pour livre, formant un fonds de non-valeur, dont trois millions à la disposition de la Législature, pour être employés par elle en dégrèvemens ou secours pour les départemens, et trois millions à la disposition des administrations de départemens, pour être employés par elles en décharges ou réductions, remises ou mo-

dérations , conformément aux mêmes
articles.

V. Les départemens et les districts
fourniront aux frais de perception et aux
dépenses particulières mises à leur charge
par le décret de l'Assemblée nationale ,
au moyen de sous et deniers additionnels en nombre égal , sur les contributions foncière et mobiliaire.

VI. Les municipalités fourniront pareillement à la rétribution et aux taxations de leurs receveurs, au moyen de
deniers additionnels aux contributions
foncière et mobiliaire.

VII. Les loix des 1.er décembre 1790
et 20 juillet 1791 , relatives à la contribution foncière, seront exécutées pour
1792.

VIII. L'Assemblée nationale législative déterminera, avant le 1.er janvier
1792, la proportion avec le revenu net
foncier, au-delà de laquelle la cotisation
ne devra pas s'élever; et tout contribuable qui justifieroit que sa propriété
a été cotisée à une somme plus forte
que ce *maximum*, aura droit à une réduction, en se conformant aux règles

prescrites par la loi du 28 août 1791 ,
sur les décharges et réductions.

IX. L'Assemblée Nationale législative
déterminera aussi à la même époque, le
taux de la retenue à faire sur les rentes,
ci-devant seigneuriales foncières , perpétuelles ou viagères.

X. Les loix du 18 février et 3 juin
1791 , relatives à la contribution mobiliaire , seront exécutées pour 1792.

XI. Aussitôt que les directoires de
département auront reçu le présent décret, ils prépareront le répartement entre
leurs districts , de la portion contributive assignée à chaque département dans
les contributions foncière et mobiliaire
pour l'année 1792. Ce répartement sera
définitivement arrêté par les conseils
de département dans leur prochaine ses-
sion , et les directoires enverront aussitôt aux directoires de district , deux
commissions séparées , qui fixeront le
contingent de chaque district dans chacune des deux contributions.

La disposition du présent article n'au-
torisera point les conseils des département à rien changer au répartement de

1791, qui, aux termes de la loi du 27 juin 1791, a dû être définitivement arrêté par les directoires.

XII. Aussitôt que les commissions des directoires de département seront parvenues aux directoires de district, ceux-ci feront entre les communautés la répartition du contingent assigné à leur district, et enverront à ces communautés deux mandemens qui fixeront la quote-part de chacune dans les deux contributions.

XIII. La commission du directoire du département, pour chacune des deux contributions, contiendra, par articles séparés, la fixation,

1.º Du principal des contributions, soit foncière, soit mobiliaire.

2.º Des sous additionnels au marc la livre du principal de l'une et de l'autre contribution, destinés au fonds des non-valeurs, décharges, réductions, remises ou moderations.

3.º Des sous et deniers additionnels qui seront nécessaires pour les dépenses à la charge du département.

XIV. Le mandement du directoire du

district contiendra de même , par articles séparés , la fixation,

1.º Du principal des contributions , soit foncière , soit mobiliaire.

2.º Des sous additionnels destinés au fonds des non-valeurs , décharges , réductions , remises ou modérations.

3.º Des sous et deniers additionnels pour les frais et dépenses du département.

4.º Des sous et deniers additionnels pour les frais et dépenses du district et taxation de son receveur.

XV. Les préambules des rôles des contributions pour les communautés , énonceront la fixation.

1 º Du principal des contributions.

2.º Des sous additionnels destinés aux fonds des non-valeurs , décharges , réductions, remises ou modération.

3.º Des sous et deniers additionnels pour le département.

4.º Des sous et deniers additionnels pour le district.

5.º Des deniers additionnels à répartir pour les taxations du receveur de la communauté.

XVI.

XVI. Quant aux sous et deniers additionnels, nécessaires aux communautés pour leurs charges et dépenses locales, ils seront rapportés par émargement, sur la colonne du rôle à ce destinée, aussi-tôt après que l'état en aura été arrêté par les directoires de département, sur l'avis des directoires de district, et d'après la demande et l'examen des besoins des municipalités.

XVII. Les directoires de département pourront envoyer les inspecteurs ou visiteurs des rôles, créés par la loi du 9 octobre 1791, dans les communautés qui les demanderont, et dans celles dont les matrices de rôle seroient en retard, pour les aider à parachever lesdites matrices de rôles.

XVIII. Les principaux des contributions foncière et mobiliaire pour 1792, seront répartis entre les quatre-vingt-trois départemens du royaume, ainsi qu'il suit :

(*Voyez ci-dessus page* 337.)

Le tableau est conforme à celui du vingt - sept mai mil sept cent quatre-vingt-onze.

X

XIX. Les taxes de l'enregistrement, du timbre , des patentes et douanes, seront perçues en 1792 , conformément aux différentes loïx qui les ont établies et qui en ont réglé la perception.

XX. La Caisse de l'Extraordinaire versera pendant l'année 1792 , à la trésorerie nationale, la somme de soixante millions , pour tenir lieu du revenu des domaines nationaux , et celle de trente-cinq millions pour tenir lieu de la contribution patriotique.

Mandons et ordonnons, etc.

PROCLAMATION

Du 15 Décembre 1791.

Pour l'accélération du recouvrement des Rôles d'à-compte sur les contributions foncière et mobiliaire de 1791.

Vu par le Roi, la Loi du 29 juin 1791 , par laquelle il a été ordonné que les contribuables payeroient sur les Contributions foncière et mobiliaire de 1791 , un à-compte égal à la moitié de leur cotisation dans les rôles des impositions directes de 1790 ;

Que cet à-compte seroit payé, savoir, avant le 31 juillet 1791, à raison d'un quart de la cotisation de chaque contribuable aux rôles de 1790, d'un huitième avant le 31 août suivant, et d'un autre huitième avant le 30 septembre dernier ;

Que pour la formation de ces rôles d'à-compte, les Officiers municipaux et Notables de chaque communauté, assistés du Collecteur porteur des rôles de 1790, et en présence des habitans assemblés, commenceroient par inscrire leurs propres noms et le montant de leurs impositions de 1790, et en payeroient aussitôt le quart formant la moitié de l'à-compte ordonné, et que les autres contribuables, inscrits à la suite, effectueroient aussi le payement du quart de leurs impositions de 1790 avant le 31 juillet, et l'autre quart dans les deux époques fixées par l'article III ;

Que les états ainsi complettés, seroient rendus exécutoires par les Directoires de

Districts ; et que ceux des contribuables qui n'auroient pas satisfait à leur obligation dans les termes prescrits , y seroient contraints par les voies ordinaires;

Et par laquelle enfin il a été enjoint aux receveurs ou dépositaires du produit de ces rôles d'à-compte, de verser tous les quinze jours, entre les mains du receveur du district , les sommes qu'ils auroient reçues.

L'intérêt de l'État et l'honneur de la Nation , exigeant plus impérieusement que jamais la stricte exécution de cette Loi , le Roi a ordonné et ordonne ce qui suit :

ART. I. A la réception de la présente Proclamation , les Directoires de Département enjoindront par un arrêté, à tous les receveurs de district du département , de se conformer ponctuellement, en ce qui les concerne, à l'article V de la Loi du 29 juin 1791.

II. En conséquence , dans toutes les Municipalités où les rôles d'à-compte prescrits par la Loi du 29 juin 1791 , sont formés et mis en recouvrement , les receveurs de districts décerneront dans délai , des contraintes contre les contribuables en retard ; enjoignant sa majesté aux Directoires de Districts , de viser lesdites contraintes sans aucun retardement.

III. A l'égard des Officiers municipaux et Notables qui, nonobstant les dispositions de l'article V de la Loi du 29 juin 1791 , auroient négligé de former le rôle d'à-compte de leur Communauté , , et n'auroient pas d'ailleurs définitivement terminé les matrices de rôles des Contributions foncière et mobiliaire de 1791 ; ordonne Sa Majesté aux Receveurs de Districts de décerner contre eux une contrainte solidaire , pour le payement de la moitié du total des rôles de la Communauté en 1790 , sauf le recours desdits Officiers municipaux et Notables contre la Communauté, conformément à l'article XXIV de la Loi du 24 novembre 1790.

IV. Enjoint Sa Majesté aux Directoires de Département, aux Directoires de districts et aux Municipalités , de tenir la main et s'employer , chacun en droit soi , à l'exécution de la présente Pro-

clamation ; comme aussi aux Gardes
Nationales et aux Gendarmes Nationaux, de prêter à la perception des
Contributions publiques, lorsqu'ils en
auront été régulièrement requis , tout
aide , concours, assistance et appui nécessaires , conformément à leur serment
et à l'article X de la Loi du 3 août
1791.

V. La présente proclamation sera imprimée , publiée et affichée dans toutes
les Villes et autres Communautés du
Royaume.

PROCLAMATION

Du 14 Mars 1792.

Concernant la répartition et recouvre-
ment des Contributions foncière et
mobiliaire de 1791.

Le Roi s'étant fait représenter le tableau général , annexé à la présente Proclamation , de la situation des opérations relatives à la confection des rôles

de la Contribution foncière de 1791, et s'étant pareillement fait rendre compte des opérations concernant la Contribution mobiliaire, a reconnu que les divers Départemens ne présentoient point des résultats également satisfaisans : que si dans quelques-uns la surveillance des Administrateurs et le zèle des Municipalités offroient les preuves réelles d'un vrai patriotisme, les mêmes opérations étoient négligées d'une manière répréhensible dans plusieurs autres Départemens, et que même, dans quelques-uns, le silence persévérant des Administrateurs laissoit douter si la cause des retards devoit être attribué à l'inactivité des Officiers municipaux, ou à l'indifférence des Corps administratifs.

Le Roi, convaincu de la nécessité de faire agir la force de la Loi, contre tous ceux qui méconnoîtroient ou négligeroient plus longtemps les devoirs qu'elle leur impose, a ordonné et ordonne ce qui suit :

Contraintes
à décerner par les Receveurs de Dis-

tricts, d'après la note formée par les Procureurs-sindics, contre les Officiers municipaux en retard de déposer leurs matrices de rôles.

I.er A la réception de la présente Proclamation, et en exécution de l'Instruction décrétée les 22 et 23 novembre 1790, les Procureurs-sindics de Districts enverront au Receveur de District une note signée d'eux, des Municipalités qui n'auroient point encore envoyé les matrices de rôles au Directoire; et, sur ladite note, le Receveur sera tenu de décerner sur le champ sa contrainte solidaire contre les Officiers municipaux des Communautés y dénommées pour le payement du premier quartier de la somme fixée par le mandement, sans compensation des sommes qui auroient été payées par les contribuables de la Communauté en vertu des rôles d'àcompte.

II. Attendu que les deux délais de quinze jours, à partir de la date du mandement, qui ont été accordés par l'Instruction ci-dessus énoncée pour la

rédaction et achèvement de la matrice
de rôle, sont plus qu'expirés, la contrainte solidaire mentionnée en l'article
précédent sera visée, à la présentation,
par le Directoire du District, pour être
sur le champ mise à exécution.

*Dispositions
à faire par les Directoires des Départemens , contre les Directoires et
Procureurs-sindics de Districts , en
cas d'inexécution des articles I et
II précédens.*

III. Les Procureurs-syndics de Districts seront tenus de justifier au Pro-
cureur-général-sindic du Département,
dans les huit jours qui suivront la réception de la présente Proclamation, et
celui-ci , au Ministre des contributions
publiques, dans les huit jours suivans,
tant de la remise faite par ledit Procureur-syndic au Receveur du District
de la note mentionnée en l'art. premier,
que du *visa* donné par le Directoire
du District, sur les contraintes solidaires
décernées par ledit Receveur.

IV. Si , à l'expiration du délai

X 5

de huit jours, quelques Procureurs syndics n'avoient pas satisfait aux dispositions du précédent article, le Directoire du Département, après avoir entendu le Procureur-général-syndic, prendra un Arrêté à l'effet d'appeller devant lui, conformément à l'art. XXVI de la Loi du 27 mars 1791, le Procureur-syndic en retard, pour lui remontrer que, par sa résistance persévérante à l'exécution des ordres qui lui ont été transmis, il met la chose publique en danger.

V. Le Directoire du Département, par le même Arrêté, ordonnera au Directoire du District de lui rendre compte de l'exécution des dispositions contenues aux articles I et II. Si le Directoire du District ne satisfait point à cet Arrêté, le Directoire du Département, après un second avertissement, nommera, conformément à l'article XXII de la même loi du 27 mars 1791, des Commissaires qui se transporteront, aux frais des Administrateurs du Directoire de District, pour recueillir les renseignemens et informations nécessaires.

VI. Si, à l'époque du transport des Commissaires, le Procureur-syndic du District n'avoit point encore satisfait à l'article I.er de la présente Proclamation, ou si le Directoire du District avoit négligé de se conformer à l'article II, pour le *visa* des contraintes, le Directoire du Département, sur le procès-verbal dressé par ses Commissaires, sera tenu, conformément à l'article VI, *section* II, chapitre IV, *Titre* III de la Constitution, de suspendre lesdits Procureur-sindic ou Administrateurs du District, de leurs fonctions, et d'en instruire le Roi.

Exécution des contraintes.

VII. Aussitôt que les Receveurs de Districts auront reçu les contraintes visées par les Directoires de Districts, ils les mettront sur le champ à exécution. Enjoint Sa Majesté aux Gardes nationales et aux Gendarmes nationaux, de prêter à la perception des Contributions publiques, lorsquils en auront été régulièrement requis, toute aide, concours, assistance et appui, conformément à

X 6

leur Serment, et à l'article X de la
Loi du 3 août 1791.

*Mesures ultérieures pour obliger les
Municipalités à terminer leurs matrices de rôles.*

VIII. Les Municipalités des Villes
qui ont obtenu d'être le chef-lieu d'é-
tablissemens administratifs ou judiciaires,
créés par la Constitution, devant donner,
aux autres Municipalités, l'exemple du
patriotisme, du respect et de l'obéis-
sance à la Loi, le Roi ordonne aux
Administrateurs des Directoires de Départemens, de lui faire parvenir, dans
la première huitaine du mois de mai
prochain, l'état certifié d'eux, des Municipalités desdites Villes qui n'auroient
point encore, à cette époque, achevé
et déposé les matrices de rôles des
Contributions de 1791 ; et sera le relevé
des noms de ces Municipalités en retard, rendu public par la voie de l'im-
pression.

IX. Fait défenses Sa Majesté à aucunes Municipalités de prendre des délibérations contraires aux Arrêtés qui

auront été pris par les Corps administratifs, pour l'exécution des Loix concernant les Contributions ; et le cas
arrivant, enjoint expressément sa Majesté auxdits Corps administratifs d'an-
nuller ces actes, sans délai.

X. Si une Municipalité donnoit suite
à des actes déclarés nuls par les Corps
administratifs supérieurs, le Procureur-
síndic du District ou le Procureur-général-syndic du Département, en feront
la dénonciation à l'accusateur public
du Tribunal criminel du Département,
par l'intermédiaire du Commissaire du
Roi près le même Tribunal, conformément à l'article I.er du titre IV, partie
II de la Loi du 29 septembre 1791 ,
concernant la Justice criminelle; et l'Accusateur public poursuivra le Maire ou
autre Officier municipal qui aura pré-
sidé l'assemblée, et le Procureur de là
Commune qui aura donné suite aux
actes déclarés nuls, pour être punis de
la dégradation civique , conformément
à l'article XI de la Loi du 16 octobre
1791.

XI. Les Officiers municipaux étant

personnellement responsables du payement des termes échus des Contributions
directes, conformément à l'article **XX**
de la Loi du 24 novembre 1791, et
les quatre termes de la Contribution
foncière et de la Contribution mobiliaire
de 1791 étant expirés, la démission
d'aucun Officier municipal en activité
avant le 1.er janvier 1792, ne pourra
être admise, qu'en faisant par lui l'a-
vance ; savoir, dans les Municipalités
composées de trois membres, du tiers
du montant réuni des Contributions
foncière et mobiliaire en principal et
sous additionnels; dans les Municipalités
composées de six membres, du sixième
desdites Contributions, et ainsi de suite.

*Obligations des Directoires et des Pro-
cureurs-généraux-syndics des Départemens.*

XII. Chaque Procureur-général-syndic
de Département continuera d'adresser
exactement, tous les huit jours, au Ministre des Contributions publiques, le relevé des États particuliers qui lui auront
été adressés par les Procureurs-syndics

de Districts, pour présenter la situation des Municipalités sur les opérations relatives à l'assiette et répartition des Contributions foncière et mobiliaire de 1791.

Les Procureurs-généraux-syndics qui n'auroient encore adressé aucun État de situation, seront tenus d'envoyer leur premier bordereau dans la huitaine qui suivra la réception de la présente Proclamation, et ce, sous peine de la suspension de leurs fonctions, conformément à l'art. V, *section* II, chapitre IV, *Titre* III de la Constitution.

La suspension sera également prononcée par les Directoires de Département, à l'égard des Procureurs-syndics de Districts qui auroient négligé d'adresser leurs États particuliers au Procureur-général-syndic.

XIII. Les Directoires de Départemens continueront d'envoyer, dans les premiers jours de chaque mois, au Ministre des contributions publiques, l'État des recouvremens faits par les Receveurs de Districts, pendant le mois précédent, conformément à l'article XX de la Loi du 24 novembre 1790, concernant les Receveurs de Districts, et à l'article IX de la Loi du 25 mai 1791, sur l'organisation du ministère.

Les Directoires de Départemens qui n'auroient encore fait parvenir aucun bordereau de recouvrement, seront tenus d'y satisfaire, dans les quinze jours qui suivront celui de la réception de la présente Proclamation, sous peine d'être suspendus de leurs fonctions conformément à l'article V, *section* II, chapitre IV, *Titre* III de la Constitution.

XIV. Enjoint Sa Majesté aux Directoires de Départemens et aux Directoires de Districts, de tenir la main à l'exécution de la présente Proclamation, laquelle sera imprimée, publiée et affichée dans toutes les villes et Communautés du Royaume.

L O I

Du 26 Mars 1792.

Concernant les Contributions foncière et mobiliaire de 1791 et 1792.

LOUIS, par la grâce de Dieu, etc.

Décret du 20 Mars 1792, l'an 4 de la Liberté.

L'Assemblée Nationale voulant faire cesser, dans un très-bref délai, tout prétexte de retard de la part des Officiers municipaux et Commissaires adjoints dans la confection des états de section et des matrices de rôles des Contributions foncière et mobiliaire de 1791 ; faire suivre de près la répartition de celles de 1792, et assurer au trésor public la rentrée prompte et successive desdites contributions échues et à échoir, dans des termes qui ne soient pas trop onéreux aux contribuables ; après avoir

entendu les trois lectures du projet de
Décret, dans les séances des 7, 16 et
28 février dernier, et avoir décreté
qu'elle est en état de rendre un Décret
définitif, décrète ce qui suit :

I. Dans toutes les communautés dont
les matrices de rôles pour les Contributions foncière et mobiliaire de 1791,
ne sont pas terminées, les Officiers municipaux seront tenus, dans les trois
jours de la publication de la présente
loi, de choisir, ou dans la commune,
ou hors de son sein, un ou plusieurs
Commissaires en état de les aider dans
toutes les opérations relatives à la confection des matrices, et de les terminer
dans le délai d'un mois au plus tard.
Les salaires de ces Commissaires seront
fixés par le Conseil général de la commune, et payés en vertu de l'arrêté du
département, d'après l'avis du district,
sur les fonds désignés, et ainsi qu'il est
prescrit par l'article IX de la loi du 17
juin 1791.

II. Les Officiers municipaux, dans la
quinzaine de la réception de la présente loi, donneront avis au directoire

de district des mesures par eux prises pour l'exécution du précédent article ; et dans le cas où ils négligeroient de se conformer à ces dispositions, ou d'en instruire de suite le directoire de district, celui-ci, la quinzaine expirée, enverra autant de Commissaires qu'il jugera nécessaire pour faire les matrices des rôles dans le délai ci - dessus déterminé.

Le salaire de ces Commissaires sera fixé par le directoire de district, et supporté moitié par les Officiers municipaux en retard, et moitié par la communauté.

III. Dans les départemens où le répartement des Contributions foncière et mobiliaire de 1792 a été fait entre les districts, les directoires de district seront tenus de procéder à la répartition de leurs contingens dans l'une et l'autre contribution, et d'envoyer leurs mandemens aux municipalités avant le 1.er mai au plus tard. Dans les départemens où le répartement des Contributions foncière et mobiliaire de 1792 ne se trouveroit pas fait entre les districts, les

directoires de département seront tenus
d'y procéder aussitôt après la réception
de la présente loi, et d'expédier dans
la quinzaine leurs commissions aux directoires de ditrict.

Aussitôt après la réception de ces
commissions, les directoires de district
procéderont au répartement de leur contingent entre les municipalités, et leur
enverront leur mandement avant le 15
mai au plus tard.

IV. Il ne sera pas formé par les Officiers municipaux pour les Contributions
foncière ou mobiliaire de 1792, de nou-
velles matrices de rôles ; mais lesdits
Officiers municipaux et les Commissaires adjoints seront tenus, aussitôt
après la réception du mandement, de
s'assembler à l'effet de délibérer les
changemens qu'ils croiront devoir faire
pour 1792, aux matrices de rôles de
1791, et lesdits changemens étant opérés,
les Officiers municipaux en feront un
simple relevé, qu'ils adresseront, signé d'eux, aux directoires de district
dans les 15 jours qui suivront la réception du mandement.

V. Les directoires de districts, immédiatement après la réception des états adressés par les Municipalités, des changemens à faire aux matrices de rôles, feront expédier les rôles et les rendront exécutoires dans le délai de 15 jours au plus. Faute par les municipalités d'avoir adressé les états de changement dans le délai fixé par l'article précédent, les rôles seront expédiés sur les matrices de 1791, et rendus exécutoires avant le 15 juillet au plus tard.

VI. Les Contributions foncière et mobiliaire de 1791 ne seront exigibles que pour deux tiers au 1.er avril prochain, à la déduction des sommes payées à-compte sur les rôles provisoires, ordonnes par la loi du 29 juin 1791 ; l'autre tiers sera divisé en trois portions égales, dont chacune faisant un neuvième de la totalité, échéra les derniers jours d'avril, mai et juin prochains ; ensorte que, dans les premiers jours de juillet, les saisies et poursuites pourront être faites, pour la totalité de ces contributions, conformément aux loix du 1.er décembre 1790 et du 18 février 1791.

VII. Les Contributions foncière et mobiliaire de 1792 échéront par neuvième, à compter du 31 juillet prochain jusqu'au 31 mars 1793, ensorte qu'à l'expiration de chaque trimestre, le tiers des impositions sera échu, et exigible par saisies et autres poursuites.

PERCEPTION.

PROCLAMATION

DU 7 NOVEMBRE 1790.

Qui enjoint aux Collecteurs de recevoir pour comptant, à la présentation qui leur en sera faite, les ordonnances de décharge ou réduction, ou de remise ou modération prononcées les par Corps administratifs, en faveur d'aucuns Contribuables, sur les sommes auxquelles ils auroient été cottisés dans les rôles d'Impositions.

LE ROI étant informé que les Collecteurs de quelques Communautés se sont refusés, les uns par une résistance personnelle, d'autres par une suite des défenses qui leur en avoient été faites par les Officiers municipaux de leur Communauté, à recevoir pour comptant les ordonnances de décharge ou réduction, ou de remise ou modération prononcées en faveur de quelques Contribuables, par les Corps administratifs ; et Sa Majesté ne voulant point permettre qu'aucune Municipalité ou Collecteur prétende apporter le plus leger obstacle à l'exécution des délibérés des Corps administratifs auxquels ils sont subordonnés, a ordonné et ordonne ce qui suit.

I. Il est enjoint à tous Collecteurs, de recevoir pour comptant, à la présentation qui leur en sera faite, les ordonnances de décharge ou réduction, ou de remise ou modération, prononcées en faveur d'aucuns Contribuables, sur les sommes auxquelles ils auroient été cottisés.

II. Si le Collecteur avoit déjà recouvré sur un Contribuable la totalité de sa cotisation, avant l'obtention de l'ordonnance de décharge ou réduction, ou de remise ou modération, ledit Collecteur sera tenu de restituer à ce Contribuable, le montant de la somme faisant l'objet de ladite décharge ou réduction, ou de ladite remise ou modération.

III. Dans le cas où aucuns Collecteurs, nonobstant lesdites ordonnances de décharge ou réduction, ou de remise ou modération à eux présentées, useroient de contraintes pour exiger des Contribuables au profit desquels ces ordonnances auroient été expédiées, le payement en argent du montant total de leur cotisation, ou refuseroient de restituer les sommes qu'ils auroient perçues de trop, ordonne Sa Majesté, que sur la représentation faite au directoire du district, du premier commandement ou autre contrainte indûment exercée par lesdits Collecteurs, ou sur la justification d'un acte de sommation fait à la requête du Contribuable, pour obtenir la restitution de ce qu'il auroit trop payé, lesdits Collecteurs soient renvoyés, par un délibéré des administrateurs du directoire, au Tribunal du district dont dépendra la Communauté, pour y être poursuivis comme exacteurs ou comme concussionnaires.

L O I

DU 24 NOVEMBRE 1790.

Relative à la suppression des ci-devant Receveurs généraux et Receveurs particuliers des finances, ainsi qu'à la nomination et au service des Receveurs de District.

LOUIS, par la grâce de Dieu, etc.

Décret des 12 et 14 Novembre 1790.

L'ASSEMBLÉE NATIONALE considérant qu'il importe à l'ordre à établir dans les finances, à compter du premier janvier 1791, de statuer d'une manière définitive, tant sur les fonctions des ci-devant Receveurs généraux, et Receveurs particuliers des finances, que sur la nomination et le service à faire par les Receveurs de Districts ; voulant en outre pourvoir à la sûreté de la gestion et au versement des deniers provenans des Impositions di-

Y

rectes, des revenus et des ventes des Domaines nationaux, décrète ce qui suit :

I.er Tous les offices de Receveurs généraux, Trésoriers généraux, et de receveurs particuliers des Impositions, précédemment créés dans les provinces ci-devant connues sous la dénomination de pays d'élection, pays conquis et pays d'Etats, seront éteints et supprimés, à compter du premier janvier prochain, ainsi que les commissions avec cautionnement qui avoient été établies dans quelques villes ou provinces du Royaume. Il sera pourvu incessamment à la liquidation et au remboursement des finances et cautionnemens desdits offices et commissions, suivant le mode et la manière décrétés pour la liquidation des offices de judicature, après que les Titulaires auront justifié de l'arrêté de leurs comptes et de leur entière libération sur tous leurs exercices.

L'intérêt desdites finances et cautionnemens continuera à leur être payé, à compter du premier janvier 1791, jusqu'à l'époque de leur liquidation et du remboursement, déduction faite des intérêts dûs par les Titulaires, en proportion de leur débet, à compter du jour qu'ils auroient dû le payer ou le verser au Trésor public ; et le payement desdits intérêts cessera en entier, un an après leur dernier exercice, quand même ils n'auroient pas fait procéder à leur liquidation et au remboursement qui doit en être la suite.

II. Seront tenus les Titulaires des offices ou commissions supprimés, d'achever l'exercice courant, ou ceux antérieurs non-soldés, et de remplir leurs engagemens respectifs touchant leur comptabilité des Impositions directes. A cet effet, les différens Directoires de Districts, qui comprennent dans leur arrondissement des paroisses qui faisoient ci-devant partie de l'ensemble desdites recettes, seront tenus conformément à l'article III du Décret de l'Assemblée Nationale, du 30 janvier 1790, sanctionné par le Roi le 3 février, de viser les contraintes qui pourroient être nécessaires pour achever lesdits recouvremens, soit vis-à-vis des Collecteurs, soit vis-à-vis des Contribuables qui seroient en retard.

Quant à la Contribution patriotique, les Receveurs cesseront d'en suivre le recouvrement au premier janvier 1791, et seront tenus d'en compter de clerc à maître pardevant le Directoire du District chef-lieu de la recette, dans les quinze premiers jours de février au plus tard.

III. Le recouvrement des Impositions directes qui seront établies pour l'année 1791, et du restant à acquitter de la Contribution patriotique pour l'année 1790, sera fait par les Receveurs qui ont été ou doivent être incessamment nommés par les Administrateurs de District. Lesdits Receveurs seront pareillement chargés de percevoir les deux derniers termes de la Contribution patriotique, les revenus des biens nationaux, et le produit des ventes desdits biens.

IV. La nomination des Receveurs de District sera faite par le Conseil de l'Administration de District, au scrutin et à la pluralité absolue des suffrages, de manière que l'élection soit toujours terminée au troisième tour.

S'il y avoit au troisième tour, partage de voix, il sera levé en donnant la préférence entre les deux concurrens, au plus âgé ; et néanmoins les Receveurs de District qui ont été nommés définitivement par l'administration de District seulement ou avec le concours du Directoire, ou de l'administration de Département, et qui sont définitivement en activité, conserveront leur place, sans néanmoins qu'il puisse y avoir plus d'un Receveur par District.

V. Les Receveurs de District ne pourront être élus que pour six ans ; mais ils pourront être réélus après ce terme.

VI. En cas de mort ou de démission d'un Receveur, le Directoire de District sera autorisé à commettre en son lieu et place, avec les précautions convenables pour la sûreté des deniers, à la continuation des recouvremens, jusqu'à ce que le Conseil rassemblé ait pu procéder à une nouvelle nomination.

VII. Les Receveurs de District seront tenus de fournir un cautionnement en biens-fonds appartenant soit à eux personnellement, soit à ceux qui se rendront leur caution ; et ce cautionnement sera de la valeur du sixième du montant de la somme totale que chaque Receveur sera charg de percevoir en impositions directes pa an seulement.

Y 3

VIII. La proportion des cautionnemens,
déterminée par l'article précédent, sera
établie à l'égard des Receveurs de District
déjà nommés, ou qui doivent l'être incessamment, sur le montant de toutes les
impositions directes de la présente année
1790. A l'avenir, ladite proportion sera
établie sur le montant des impositions
directes de l'année de la nomination du
nouveau Receveur.

IX. Dans le cas où par l'effet de la répartition générale des impositions directes,
la somme totale à recouvrer sur le District, se trouveroit diminuée, le cautionnement antérieurement fourni dans la
proportion prescrite par l'article III ci-
dessus, ne pourra être réduit que lors de
la nouvelle élection.

X. Dans le cas contraire, et si le cautionnement primitivement fourni se trouvoit tombé au-dessous de la proportion
du septième du montant effectif des impositions directes, le Receveur de District
sera tenu de fournir le supplément nécessaire pour reporter la totalité de son cautionnement à la proportion du sixième,
prescrite par l'article troisième.

XI. Les administrations de District ne recevront en cautionnement les biens-fonds qui seroient chargés de quelques hypothèques, soit pour des dettes contractées par le propriétaire, soit pour des reprises et droits matrimoniaux, que pour la somme dont la valeur desdits biens se trouvera excéder le montant desdites charges, d'après les certificats des bureaux des Hypothèques, ou les contrats de mariage que lesdites administrations se feront représenter, et d'après les déclarations assermentées des Receveurs ou de leurs cautions, des diverses créances hypothécaires dont les biens-fonds offerts en cautionnement se trouveroient grévés.

XII. S'il étoit reconnu par la suite que les déclarations et affirmations exigées par les deux articles précédens, n'eussent point été faites avec vérité, le Receveur ou la caution qui se seroient rendus coupables de ce délit, seroient poursuivis comme stellionnataires; le receveur de District sera en outre déchu de sa place, si ce délit a été commis par lui personnellement, quand bien même il offriroit d'ailleurs une solvabilité suffisante.

XIII. Les administrations ne pourront recevoir pour cautionnement, les biens grévés de substitution ; il sera fait en conséquence, à la diligence du Procureur-syndic, sur les registres des Tribunaux, les vérifications nécessaires, à l'effet de constater si aucun des immeubles offerts ou acceptés en cautionnement, ne se trouve substitué.

XIV. Les actes de cautionnement desdits Receveurs seront reçus par les Directoires de District, et emporteront privilége et préférence sur les biens affectés auxdits cautionnemens, à dater du jour de la réception des actes y relatifs.

XV. En cas de décès ou de fuite d'aucun desdits Receveurs, il sera procédé, à la requête du Procureur-syndic, par les Officiers du Tribunal du District, à l'apposition des scellés, comme aussi à la vérification de la situation de la caisse du Receveur ; et si, d'après le résultat de ladite vérification, il existe un débet, les poursuites nécessaires pour le recouvrement des deniers divertis, seront faites devant le Tribunal de District, à la diligence du Procureur-syndic.

XVI. Tous les effets mobiliers et deniers comptans appartenans à un Receveur de District ou à ses cautions, seront affectés à la sûreté des deniers perçus par le Receveur, et au payement intégral de ses débets, par privilège et préférence à toute saisie qui pourroit avoir été faite antérieurement à tout créancier, même à la femme, en cas de séparation postérieure à l'acte de nomination du Receveur; seront seulement exceptés le privilége des fournisseurs, dans le cas où il est accordé par les coutumes, et celui du propriétaire de maison sur les meubles, pour six mois de loyer seulement.

Les immeubles acquis à quelque titre que ce soit par le Receveur depuis sa nomination, seront pareillement affectés à la sûreté des débets, par privilége et préférence à tous autres créanciers, à la réserve seulement de la portion du prix qui pourroit être dûe, ou au vendeur, ou au créancier bailleur de fonds, et même à tous autres créanciers du vendeur, si les formalités nécessaires à l'établissement et conservation de leurs priviléges et droits ont été observées.

XVII. L'hypothèque pour la sûreté des débets, sera acquise du jour de la réception du cautionnement, sur tous les immeubles appartenant au Receveur, et pareillement sur ceux de la caution, même sur ceux qui auroient été acquis par leurs femmes séparées, à moins qu'il ne soit prouvé légalement qu'elles ont fourni les deniers employés à l'acquisition.

Les administrations de District seront tenues de faire valoir les droits, hypothèques et priviléges énoncés dans les trois articles précédens à peine d'en demeurer responsables.

XVIII. Dans le cas de faillite d'un Receveur, le Directoire de l'administration de District sera tenu de justifier qu'il a fait exactement la vérification prescrite par l'article XX du présent Décret; faute de quoi les membres composant ledit Directoire, seront personnellement et solidairement responsables du déficit. Le Procureur-syndic sera tenu de faire tous les quinze jours, par écrit, sur le registre des délibérations du Directoire, son réquisitoire pour que lesdites vérifications soient faites exactement; faute de quoi il sup ·

porteroit le premier la peine de la responsabilité dans le cas où un Receveur vien-
droit à manquer.

XIX. Les Receveurs de District seront
tenus d'avoir des registres sur lesquels
ils inscriront, date par date, de suite et
sans rature ni interligne, le payement de
chacun des Collecteurs, au moment même
où chaque payement sera effectué entre
leurs mains. Ledit registre sera coté et
paraphé à chaque page par le Président de
l'administration de District, ou par le
Vice-président du Directoire.

XX.' La situation de chacun desdits
Receveurs sera vérifiée et constatée le 15
et le dernier jour de chaque mois, par
deux membres du Directoire du District,
lesquels se transporteront dans le bureau
de recette, où ils se feront représenter les
registres, à l'effet de vérifier s'ils sont tenus
avec l'exactitude prescrite par l'article
précédent, de les calculer, de les arrêter,
en portant en toutes lettres la somme totale
de la recette, celle de la dépense, enfin
le restant en caisse, ou l'avance résultant
de la comparaison de la recette avec la
dépense.

Quant à la vérification qui se fera le dernier jour de chaque mois, les deux membres du Directoire du District, indépendamment des formalités ci-dessus prescrites, feront former en leur présence par le Receveur, un bordereau pour chaque nature de recette, contenant,

1.º Le montant de la recette ; 2.º celui de ses payemens, dont il sera tenu de leur représenter les pièces justificatives ; enfin le restant en caisse.

Ces bordereaux seront formés doubles, certifiés véritables par le Receveur, et visés par les deux membres du Directoire qui auront fait la vérification ; ils conserveront l'un desdits bordereaux, et adresseront l'autre au Directoire de Département, lequel en transmettra les détails et les résultats au Ministre des finances, pour ce qui concerne les impositions directes ; et au Commissaire du Roi au département de la caisse de l'Extraordinaire, pour les objets relatifs à cette caisse, à l'effet d'en présenter le tableau général au Corps législatif, pour chacune de ces parties respectivement.

Les registres seront clos à la fin de chaque

chaque année , et l'excédent de recette ou de dépense sera porté en tète des enregistremens de l'année suivante.

XXI. Les Municipalités feront parvenir au Directoire de chaque District , en juillet et décembre de chaque année , un relevé de toutes les quittances qui auront été fournies par le Receveur de District aux Collecteurs de chaque Municipalité, afin d'en comparer le montant avec celui porté en recette par le Receveur sur ses registres.

Les Municipalités seront également tenues de vérifier chaque mois les rôles des Collecteurs , pour faire la comparaison des sommes émargées auxdits rôles , avec les récépissés qui leur auront été fournis par les Receveurs de District.

XXII. S'il étoit reconnu par le résultat de l'opération prescrite par l'article précédent, qu'un Receveur ne se fût pas scrupuleusement conformé pour la tenue de ses registres , à ce qui est prescrit par l'article XIX ci-dessus, il lui seroit enjoint pour la première fois d'être plus exact à l'avenir ; et en cas de récidive, il seroit privé de sa place , après que sa prévarication

Z

auroit été jugée, ainsi qu'il est prescrit par l'article V.

XXIII. Le Receveur de Communauté auquel une ou plusieurs Municipalités auront adjugé la perception des Contributions foncières et personnelles, sera garant envers lesdites Municipalités du versement dans la caisse du Receveur du District, et du montant total des rôles dont la perception lui aura été adjugée, et dans les termes prescrits par ladite adjudication, à moins qu'il n'y ait insolvabilité de la part de quelques contribuables, et qu'il n'ait fait constater ladite insolvabilité et les diligences qu'il aura faites, par la Municipalité intéressée; et les membres du Conseil général de la Commune seront tenus d'en faire l'avance, sauf le rejet ou la décharge, ainsi qu'il sera ordonné par le Directoire du Département, d'après l'avis du District.

XXIV. Les membres du Conseil général de la Commune seront responsables envers le Receveur du District, de la solvabilité et du payement du Receveur auquel ils auront adjugé la perception de leur Contribution foncière et per-

sonnelle : et faute de payement de la
part du Receveur de Communauté dans
le terme prescrit, le Receveur de District se pourvoira devant le Directoire
dudit District, qui sera tenu de viser sans
délai la contrainte, à l'effet d'obliger le
Receveur de la Communauté, et subsidiai-
rement les membres du Conseil général
de la Commune, à faire les avances des
sommes dont les Municipalités seront en
retard, sauf le recours contre la Communauté intéressée, s'il y a lieu; de manière
qu'aucun Receveur de District n'ait de
motifs ni de prétextes pour ne pas verser
à chaque terme au Trésor public le montant net des sommes dont il devra faire
le recouvrement.

XXV. Les Receveurs jouiront pour
tout traitement d'une remise ou taxation
sur leur recette effective, provenant tant
des Contributions foncières et personnelles, que du produit annuel des revenus des biens nationaux, déductions faites
des taxations des Collecteurs sur les Contributions foncières et personnelles, des
non - valeurs , décharges et modérations.

Ladite remise sera réglée à raison de 3 deniers pour livre sur les premiers 200,000 l. ; 2 deniers pour livre sur les seconds 200,000 l. ; 1 denier pour livre sur ce qui excéderoit les 400,000 l. ; jusqu'à 600,000 l. ; Et au-delà de cette dernière somme, un demi-denier pour livre seulement; et pour la Contribution patriotique, un denier pour livre seulement.

Lesdits Receveurs sont et demeurent autorisés à retenir lesdites taxations par leurs mains, mais sans qu'ils puissent en aucun cas et sous aucun prétexte diminuer par cette retenue la somme qu'ils devront verser au Trésor public et à la caisse de l'Extraordinaire.

XXVI. Au moyen des taxations réglées par l'article précédent, et des dispositions des articles XXIII et XXIV, lesdits Receveurs ne pourront réclamer aucun traitement particulier à titre de remboursement ou indemnité de frais de bureaux, ni à quelqu'autre titre que ce puisse être, pas même à raison de la recette du montant des ventes des biens nationaux, sauf le remboursement des frais de versement dans la caisse de l'Extraordinaire , des deniers qui proviendront desdites ventes.

L O I

Du 1.er Décembre 1790,

Relative à la nomination des Membres des Administrations et des Directoires de District , aux places de Receveurs de District.

Louis, par la grâce de Dieu, etc.

Décret du 27 Novembre 1790.

I. Les membres des Administrations et des Directoires de District , ne pourront à l'avenir être nommés Receveurs de Districts.

II. L'élection des membres des Administrations et des Directoires de District, qui auroient été nommés Receveurs à l'époque de la publication du présent Décret, sera valable; mais ils seront tenus d'opter, ne pouvant avoir que l'une des deux places.

Z 3

L O I

Du 2 Octobre 1791 ,

Relative à la perception des Contributions foncière et mobiliaire, et du droit de patentes.

Louis, par la grâce de Dieu, etc.

Décret du 26 septembre 1791.

L'Assemblée Nationale décrète ce qui suit :

Adjudication de la perception.

I. La perception de la Contribution foncière, de la Contribution mobiliaire et des Patentes, sera faite dans chaque communauté par le même ou les mêmes percepteurs.

II. Aussitôt que les officiers municipaux auront reçu le mandement du directoire de district, ils dresseront un tableau contenant, 1.º le montant de la contribution mobiliaire de la communauté en principal et sous additionnels ; et hors ligne, le montant des trois

deniers additionnels de taxations, alloués au percepteur par l'article XLIV
de la Loi du 18 février 1781.

2.º Le montant par apperçu du produit du droit de patentes dans la communauté, et hors ligne, le montant des
trois deniers de taxations, alloués au
percepteur par l'article VIII du Décret
du 20 septembre dernier.

3.º Le total de ces deux espèces de
taxations sera additionné, et il sera
énoncé que celui qui se rendra adjudicataire de la perception de la contribution foncière, fera la perception de
la contribution mobiliaire et du droit
de patentes, pour cette même rétribution
de trois deniers pour livre sur chacune
de ces contributions.

III. A la suite de cet état, seront
transcrites les principales obligations du
percepteur, telles qu'elles résultent des
dispositions des loix sur les contributions,
conformément au modèle ci-joint.

IV. Il sera ajouté au bas de cet état,
le calcul de ce que produiroient les taxations sur la contribution foncière, si
elles étoient réglées à six deniers pour

Z 4

livre ; et tous ceux qui voudront s'en
charger aux conditions énoncées, et à
raison de ces taxations ou au-dessous,
seront invités à se présenter dans la
huitaine devant les officiers municipaux
pour y faire connoître leur solvabilité
et les cautions qu'ils pourront donner.

Il ne pourra pas être exigé de cautionnement plus fort que le tiers du
montant des rôles des contributions
foncière et mobiliaire.

Cet état ou tableau ainsi rédigé ,
sera affiché aux lieux accoutumés.

V. Huit jours après l'affiche du tableau , et un jour de dimanche, les
officiers municipaux s'assembleront au
lieu de leurs séances, et là, après la
lecture du tableau ci-dessus, on pro-
posera la perception de la contribution
foncière au rabais. Toutes les personnes
dont la solvabilité aura été reconnue,
seront admises à sous-enchérir, et l'adjudication sera faite à celle dont les
offres seront les plus avantageuses.

Dans le cas même où il ne se présenteroit qu'une seule personne, l'adjudication lui sera faite , si elle consent

à rester adjudicataire à six deniers pour
livre sur la contribution foncière.

VI. Dans le cas où personne ne se
présenteroit, la Municipalité en dressera
procès-verbal, et formera dans le jour
même un second tableau semblable au
précédent, excepté que les taxations sur
la contribution foncière y seront calculées
à raison de neuf deniers. Ce tableau
sera également affiché sur le champ, et
huit jours après il sera procédé à l'adjudication au profit de celui qui offrira de
s'en charger à la plus foible remise. Dans
le cas où il ne se présenteroit qu'une
seule personne, l'adjudication lui sera
faite, si elle consent à rester adjudicataire à neuf deniers pour livre sur la contribution foncière.

VII. S'il ne se présente personne à cette
seconde adjudication, il sera formé un troisième tableau, dans lequel la remise sur
la contribution foncière sera portée à douze
deniers, et il sera procédé à l'adjudication
de la manière ci-dessus prescrite.

VIII. Dans le cas où les augmentations
progressives des remises sur la contribution foncière jusqu'à concurrence de douze

Z 5

deniers, ne procureroient aucune adjudication, le conseil général de la commune
s'assemblera, et nommera pour receveur
un de ses membres, qui ne pourra refuser
de faire la perception à douze deniers, seulement sur la contribution foncière, trois
deniers sur la contribution mobiliaire et
trois deniers sur les patentes, sans être
tenu de répondre des non-valeurs, pourvu qu'il justifie de ses diligences.

IX. Dans les villes de vingt-cinq mille
ames et au-dessus, si le conseil général de
la commune juge plus utile de nommer
un receveur des contributions, que de
mettre la perception en adjudication, il
pourra y être autorisé par le directoire du
département, sur l'avis de celui de district, pourvu que les taxations du receveur
n'excèdent point le taux moyen de celles
des adjudicataires à la moins dite des
communautés du district.

X. Lorsque la perception de la communauté aura été adjugée, ou que le receveur
aura été nommé, il en sera dressé procès-
verbal au bas du tableau sur lequel l'adjudication aura été faite et l'adjudicataire ou
receveur nommé sera tenu de faire et si-

gner au procès-verbal sa soumission de se
conformer à tout ce qui est prescrit, et
à toutes les loix relatives à la perception.

XI. La municipalité adressera un double
de ce procès-verbal au directoire du district, et le directoire fera former un état
de toutes les communautés de son ressort,
avec taux des remises auxquelles la perception aura été adjugée, ou la recette
donnée; il s'occupera dans le cours de
l'année, des moyens de diminuer pour
l'année suivante les frais de perception.

PERCEPTION.

XII. A défaut de payement de la contribution foncière à l'échéance de chaque
trimestre, le percepteur de la commu-
té pourra faire toutes les saisies de fruits
ou de loyers, et tous les actes conserva-
toires propres à accélérer et à assurer le
payement de la contribution.

XIII. Les percepteurs seront tenus d'é-
marger exactement sur les rôles les payemens à mesure qu'il leur en sera fait, et
de décharger ou de croiser, en présence
des contribuables, les articles entièrement

Z 6

soldés, même de leur en donner quittance
s'ils en sont requis.

XIV. Un officier municipal ou le procureur de la commune, à ce commis
par la municipalité, examinera quand il
le jugera à propos, et au moins une fois
par mois, les différens rôles dont le percepteur sera porteur, à l'effet de vérifier,
1.º si le recouvrement est en retard, et
quelles en sont les causes; 2.º si les
sommes recouvrées sont émargées sur les
rôles; 3.º si les sommes recouvrées dans
le mois précédent, et qui doivent être
versées dans la caisse du district, l'ont
été en totalité; 4.º si les sommes recouvrées depuis le dernier versement, exis-
tent dans les mains du percepteur.

XV. L'officier municipal ou procureur
de la commune vérificateur, visera toutes
les quittances qui seront entre les mains
du percepteur, et remettra dans le délai
de trois jours, à la municipalité, l'état
de ces quittances certifié de lui et du percepteur, et le bordereau pareillement
signé de l'un et de l'autre, du montant
des recouvremens faits pendant le mois,
et des sommes qui restent à recouvrer.

XVI. Ne pourront être saisis pour contributions arriérées , les lits et vêtemens nécessaires, pain et pot-au-feu, les portes, fenêtres , les animaux de trait servant au labourage , les harnois et instrumens servant à la culture , ni les outils et métiers à travailler.

Il sera laissé au contribuable en retard , une vache à lait ou une chèvre à son choix , ainsi que la quantité de grains ou graines nécessaires à l'ensemencement ordinaire des terres qu'il exploite.

Les abeilles , les vers à soie, les feuilles de mûrier ne seront saisissables que dans les temps déterminés par les Décrets sur les biens et usages ruraux.

Les porteurs de contraintes qui contreviendront à ces dispositions , seront condamnés à cent livres d'amende.

XVII. Les receveurs de district remettront chaque année, dans les premiers jours de janvier, aux directoires de districts un état nominatif des porteurs de contraintes qu'ils proposeront d'employer; ils ne pourront les choisir que parmi les citoyens actifs domiciliés dans le district, sachant lire et écrire.

Les directoires de district en fixeront le nombre, les choisiront parmi ceux qui auront été proposés, et leur donneront des commissions conformes au modèle ci-joint. Ces porteurs de contraintes feront seuls les fonctions d'huissiers pour les contributions foncière, mobiliaire et les patentes ; ils prêteront serment devant les directoires de district.

XVIII. Les porteurs de contraintes pourront être destitués par délibération du directoire de distrist, qui en donnera avis au directoire de département, et lui en fera connoître les motifs.

XIX. Ils seront tenus en arrivant dans chaque communauté, de faire constater par un officier municipal, ou le procureur de la commune, le jour et l'heure de leur arrivée, et de même en se retirant, le jour et l'heure de leur départ.

XX. Le temps que les porteurs de contraintes auront employé dans la communauté, étant ainsi constaté, le bulletin des frais à leur allouer sera ensuite réglé par le directoire de district, et le total de ces frais sera réparti à la suite du bulletin, au marc la livre des sommes dues par les contribuables dénommés dans les contraintes, à l'époque où elles seront décernées.

XXI. Il sera fait deux expéditions de ce bulletin : l'une sera rendue exécutoire par le directoire de district, et sera remise par le receveur du district au percepteur, pour lui servir au recouvrement des frais qui y sont alloués, et dont il versera le montant entre les mains du receveur ; la seconde expédition restera au receveur du district, pour distribuer aux porteurs de contraintes les sommes revenant à chacun d'eux pour leurs journées, et les porteurs de contraintes donneront quittance au pied du bulletin.

Ceux des contribuables qui, sans attendre des saisies et ventes, satisferont à la contrainte, ne supporteront que leur part des premiers frais.

Ceux qui nécessiteront des saisies et ventes, en supporteront les frais.

XXII. Les municipalités donneront assistance et protection aux porteurs de contraintes ; et en cas de refus, ceux-ci dresseront un procès-verbal qu'ils enverront au directoire de district, lequel, après en avoir donné communication aux officiers municipaux, prononcera, s'il y a lieu, contre eux la responsabilité solidaire du montant total de l'arriéré des contributions foncière et mobiliaire, et des patentes pour leur communauté. Signification de l'arrêté du directoiae sera faite sans délai aux officiers municipaux, à la requête du receveur du district.

XXIII. En cas de rebellion, le porteur de contraintes en dressera procès-verbal qu'il fera viser par un officier municipal ou le procureur de la commune, et l'enverra sur le champ au directoire du district. Le procureur-syndic dénoncera les faits à l'accusateur public, et lorsque l'institution du juré sera en activité, à l'officier de police ou au directeur du juré.

XXIV. Les receveurs de district et les officiers municipaux pourront dresser des procès-verbaux des plaintes qui leur auront été faites contre les porteurs de contraintes ; et ils adresseront sur le champ ces procès-verbaux au procureur-syndic, qui en rendra compte au directoire du district, lequel révoquera ces employés, s'il y a lieu.

XXV. Si les plaintes étoient telles qu'il y eût lieu à une poursuite criminelle contre ces porteurs de contraintes, les directoires de district feront remettre par leurs procureurs-syndics, ces plaintes à l'accusateur public, et lorsque l'institution du juré sera en activité, à l'officier de police ou au directeur du juré.

XXVI. Chaque receveur de district tiendra des registres par communauté, tant des saisies ou contraintes qu'il aura fait viser, que des frais auxquels elles auront donné lieu. Ces registres seront paraphés par le président du directoire de district. A la fin de chaque trimestre, le receveur du district remettra au procureur-syndic un état certifié de lui, contenant, 1.º le montant total des contributions de sa recette; 2.º le total des sommes recouvrées; 3.º le total des frais faits pendant les trimestres antérieurs; 4.º la somme recouvrée pendant le dernier trimestre; 5.º le montant des frais faits pendant ce trimestre; 6.º la somme restant à recouvrer.

XXVII. Les procureurs-syndics enverront de même, tous les trois mois, un extrait sommaire de ces états au procureur-général-syndic du département, qui en fera former un état général, d'après lequel le directoire du département pourra comparer la marche du recouvrement dans les différens districts et communautés. Le directoire du département enverra une copie de cet état général au ministre des contributions publiques avec ses observations.

VERSEMENT A LA CAISSE DU DISTRICT.

XXVIII. Lorsque les percepteurs viendront apporter leur recette du mois à la caisse du district, le receveur leur donnera une quittance d'à-compte conforme au modèle ci-joint.

XXIX. Dans le cas où un percepteur seroit obligé de quitter la perception pour divertissemens de deniers et insolvabilité de ses cautions, ou autres causes forcées, on procédera sur le champ à l'a-

urement du compte et à une nouvelle
djudication.

XXX. Dans le cas où un percepteur
'auroit pas apporté dans les quinze pre-
niers jours du mois, à la caisse du dis-
rict, le montant de son recouvrement, le
eceveur du district enverra un avertisse-
nent, à la municipalité, et si, quinzaine
près cet avertissement il n'y a pas encore
atisfait, le receveur présentera au direc-
oire du district une contrainte, qui sera
ur le champ visée et mise à exécution,
omme il suit.

XXXI. Il sera d'abord procédé contre
e percepteur et ses cautions à une simple
aisie de meubles et effets, et en cas d'in-
uffisance du produit de la vente des objets
aisis, sur la demande du receveur, il
era procédé à la saisie et vente des im-
neubles du receveur et de ses cautions.

XXXII. Dans le cas de divertissement
des deniers, la municipalité, aussitôt
qu'elle en aura connoissance, sera tenue
d'en dresser un procès-verbal qu'elle enverra sur le champ au procureur-syndic
du district, pour être pris par le directoire, après en avoir communiqué avec
le receveur, les mesures les plus promptes

et les plus convenables pour assurer la rentrée des deniers divertis.

XXXIII. En cas de faillite d'un percepteur et d'insolvabilité de ses cautions, la municipalité sera tenue de justifier qu'elle a fait exactement les vérifications prescrites, faute de quoi, les officiers municipaux seront personnellement responsables du déficit.

XXXIV. Les membres du conseil général de la commune étant responsables envers le receveur du district, de la solvabilité et du payement du percepteur auquel ils auront adjugé la perception de leurs contributions foncière, mobiliaire et des patentes, lorsqu'il y aura un déficit, le receveur se pourvoira devant le directoire de district, et lui présentera une contrainte à l'effet d'obliger les membres du conseil général de la commune, à acquitter la somme dont le percepteur se trouvera définitivement reliquataire.

XXXV. Après discussion des biens du percepteur et de ceux de ses cautions, les membres du conseil général de la commune en justifiant alors, qu'il n'y a eu

de leur part aucune négligence, se pourvoiront au directoire de district pour obtenir la réimposition à leur profit de la
somme qu'ils auront payée, et qui devra
en définitif rester à la charge de la communauté et être réimposée sur les rôles
de la même année.

XXXVI. Dans le cas où un percepteur seroit accusé de concussion ou de
falsification de rôle, le procureur-syndic
du district fera dresser procès-verbal des
faits et le remettra à l'accusateur public,
et lorsque l'institution du juré sera en
activité, à l'officier de police ou au directeur du juré.

XXXVII. Lorsque, par la stérilité
de l'année, la grêle, la gelée, l'inon-
dation ou autres vimaires, la récolte,
les maisons et bâtimens d'un contribuable ou d'une communauté auront été
détruits en totalité ou en grande partie,
le contribuable ou la communauté en
donnera connoissance au directoire de
district, qui nommera sans délai un ou
plusieurs commissaires, membres du
conseil du district, pour se transporter
sur les lieux, vérifier les faits, et en

rapporter procès-verbal qui sera déposé aux archives du district: copie par extrait en sera envoyée au directoire du département.

XXXVIII. Si les récoltes de la majeure partie des communautés d'un district ont essuyé des fléaux ou vimaires, le directoire du district en donnera avis à celui du département, qui nommera un ou plusieurs commissaires parmi les membres du conseil du département, pour se transporter sur les lieux et dresser procès-verbal des pertes. Il en sera fait deux expéditions : l'une sera déposée aux archives du département, l'autre à celles du district : des extraits de ces divers procès-verbaux seront adressés au Corps législatif et au ministre des contributions.

XXXIX. Les directoires de département feront chaque année dresser l'état des pertes résultant des causes ci-dessus mentionnées, et le conseil du département distribuera entre les districts les sommes ou partie des sommes faisant le fonds destiné aux décharges ou réductions, remises ou modérations et secours, et qui est à la disposition du département.

XL. Lorsque l'Assemblée Nationale législative aura accordé , sur les fonds de non-valeur dont la disposition lui est réservée , une somme en dégrèvement ou secours à un département , le conseil en fera la répartition entre les districts de son territoire.

XLI. Les directoires de districts feront entre les communautés la répartition des sommes qui leur seront allouées.

Lorsqu'il n'y aura qu'une partie des contribuables d'une communauté qui auront essuyé des dommages , la répartition de la somme qui aura été accordée sera faite par le directoire du district , sur l'avis de la municipalité.

Une portion des secours à distribuer pourra être accordée aux fermiers , métayers ou colons.

Suivent les modeles , 1.º de l'état ou tableau à afficher par les officiers municipaux , pour l'adjudication de la perception; 2.º des quittances à donner par le receveur du district , aux percepteurs de communauté , 3.º de la commission des porteurs de contraintes.

MANDONS et ordonnons à tous les Corps
administratifs et tribunaux, que les présentes ils fassent consigner dans leurs
registres, lire, publier et afficher dans
leurs départemens et ressorts respectifs,
et exécuter comme Loi du Royaume. En
foi de quoi Nous avons signé ces présentes
auxquelles Nous avons fait apposer le
Sceau de l'État. A Paris, le deuxième
jour du mois d'octobre, l'an de grâce
mil sept cent quatre-vingt-onze, et de
notre règne le dix-huitième. *Signé* LOUIS
Et plus bas, M. L. F. DU PORT. Et
scellées dv Sceau de l'État.

FIN

TABLE

TABLE

Des Loix, Proclamations, et Instructions, contenues dans ce volume.

Aa

contributions fonciere et mobiliaire de
1791 et 1792. 377

§. V. Perception.

FIN DE LA TABLE.

L'an IV de la Liberté.

www.ingramcontent.com/pod-product-compliance
Lightning Source LLC
Chambersburg PA
CBHW060536220326
41599CB00022B/3523